Cecila Olvera
9761 Napoli Woods Ln.
Delray Beach, FL 33446

El
SECRETO
de la
Ley de la atracción

Jack Canfield

El
SECRETO
de la
Ley de la atracción

Una guía para vivir
la vida de tus sueños

Jack Canfield *y* D.D. Watkins

AGUILAR

AGUILAR

Título original: Jack Canfield's Key to Living the Law of Attraction
© 2007, Self-Esteem Seminars LP
Publicado en español por acuerdo con Health Communications, Inc.

© De esta edición:
2008, Santillana USA Publishing Company, Inc.
2105 NW 86th Avenue
Doral, FL 33122
(305) 591-9522
www.alfaguara.net

Primera edición en español: septiembre de 2008
Primera reimpresión: octubre de 2008

Diseño de cubierta e interiores: D.D. Watkins
Adaptación de cubierta: Antonio Ruano Gómez
Traducción y adaptación de interiores: Gerardo Hernández Clark
Imágenes de cubierta: © GettyImages y BigStockPhoto.com (mapa);
Whitney Krueger (llave); Vladislav Gansovsky (papel)

ISBN-13: 978-1-60396-267-4
ISBN-10: 1-60396-267-0

Printed in the United States by HCI Printing
Impreso en los Estados Unidos por HCI Printing

Índice

AGRADECIMIENTOS

Deseamos expresar nuestra más sincera gratitud a las personas que hicieron posible este libro:

En primer lugar, a nuestras familias por su paciencia, amor y apoyo durante la realización de esta obra.

A Patty Aubery por su visión, compromiso y buen humor. A Tina Renga por su alegría y entusiasmo sin límites; a Russ Kamalski y Roger Conner por su tutela, confianza y energía durante el desarrollo de este proyecto. A todos los que nos ayudaron en las diversas etapas de este viaje y lo llenaron de sabiduría, amor y sonrisas.

A nuestro editor y amigo, Peter Vegso, por su apoyo permanente en esta nueva aventura, así como a todo el equipo de Health Communications, Inc.

A Verónica Romero, Lisa Williams, Robin Yerian, Jesse Ianiello, Lauren Edelstein y Lauren Bray, quienes se hacen cargo de los negocios de Jack con destreza y amor.

¡Estamos muy agradecidos y los queremos a todos!

Jack Canfield y D.D. Watkins

AGRADECIMIENTO ESPECIAL

Yo, D.D., deseo dar las gracias en especial a mi hija Marissa por su paciencia durante el desarrollo de este proyecto y por ser una fuente constante de belleza e inspiración; a su hijastro, Christian, por saber instintivamente cómo creer y recibir; y a Lee por amarme lo suficiente para darme libertad cuando necesitaba volar. Todos los días me siento agradecida por el apoyo y el estímulo de mis hermanas, Melanie, Stephanie y Polly, y por la creatividad, dignidad y nobleza de mi madre, Martha, quien me enseñó hace mucho el amor por las palabras, la poesía y toda las cosas bellas. A Vicki, Randi, Georgia, Gram, papá y Frank, mis maestros y compañeros en este viaje. Los quiero a todos. Estoy y siempre estaré agradecida.

INTRODUCCIÓN

Se dice que cuando el alumno está preparado, el maestro aparece. Si estás leyendo este libro es porque estás listo para dar el siguiente paso en tu evolución personal; estás listo para empezar a crear y recibir más de lo que realmente quieres en tu vida. Al trabajar de manera consciente e intencional con la Ley de la atracción, podrás crear exactamente lo que deseas esforzándote menos y disfrutando más.

Aunque en la actualidad muchas personas dicen que la Ley de la atracción es un "secreto", no se trata de un concepto nuevo ni de un descubrimiento reciente. Ha sido parte integral de las grandes enseñanzas de la humanidad por varios milenios. Yo he enseñado este principio, junto con muchos otros, por más de 30 años. Gracias al lanzamiento de la película *El secreto* y a las apariciones de muchos maestros que participan en ella en programas como *Oprah*, *Larry King Live*, *The Today Show*, *Montel*, *The Ellen Degeneres Show* y *Nightline*, el conocimiento de la Ley de la atracción forma parte de la cultura popular.

Al fin nos damos cuenta de que todos contribuimos a la creación de nuestras vidas y de que somos responsables del estado actual del mundo en que vivimos. Empezamos a comprender que si queremos cambios en el exterior, debemos realizar las modificaciones pertinentes en nuestro interior. Está ocurriendo un cambio, una transformación en nuestra conciencia. Este cambio está en el aire y en las ondas radiales, y podemos sentirlo en el fondo del alma. Existe un deseo generalizado de volver a un lugar y a un tiempo más simple y alegre, e intuimos que la vida es más de lo que hemos experimentado hasta ahora. Sabemos que podemos alcanzar una realización mayor y estamos listos para ella. Hemos completado un ciclo de evolución espiritual y anhelamos comprender mejor las relaciones que tenemos con los demás, nuestro propósito y a nosotros mismos. Como colectividad buscamos en nuestro interior y cuestionamos prioridades y circunstancias, todo con la intención de encontrar significado más profundo para nuestras vidas.

Espero que al leer este libro y comprender la manera en que la Ley de la atracción opera en tu vida, también entiendas más de ti, de quién eres en realidad y por qué estás aquí. Esta pequeña guía es tu llave. Puede abrir las rejas del futuro que deseas y guiarte por un camino de alegría, prosperidad y abundancia. Mi intención es que este libro te inspire al mostrarte que puedes crear la vida que deseas con la ayuda de las sencillas herramientas, estrategias y conceptos contenidos en sus páginas.

Este libro está en tus manos por una razón. Tú puedes empezar a vivir desde este momento una vida consciente, plena de propósito y significado. A partir de hoy puedes reconectarte con tu verdad y sabiduría internas. Puedes aprender a confiar en tu intuición, agudizar tu conciencia y hacer caso a tus emociones. Con sólo confiar en el orden natural de las cosas y en un poder más elevado que tú, puedes aprender a desprenderte de lo negativo y empezar a vivir en un lugar de fe, gratitud y alegría auténticas. Con estos cambios, notarás cada vez más los milagros que te rodean y en tu vida ocurrirán sucesos que te parecerán mágicos y misteriosos.

Recuerda: estás conectado de manera inextricable con todos y con todo cuanto existe en el universo, incluido Dios. Siempre lo has estado. En todo momento el universo responde automáticamente a cada uno de tus pensamientos, sentimientos y actos. Es inevitable; simplemente, así funcionan las cosas.

Es como un espejo que refleja la energía que proyectas. Los pensamientos y la energía que emites, siempre atraerán hacia ti, de una forma u otra, cosas y experiencias que se conforman a partir de esos pensamientos y energía. Así opera la Ley de la atracción en tu vida. Es un ejemplo perfecto de cómo funciona este universo tan maravillosamente diseñado, una ley universal inmutable. La Ley de la atracción es la explicación científica de la coincidencia, la serendipia y el poder de la oración.

Si deseas tener más felicidad y una mayor realización, debes empezar a vivir en armonía con el ritmo natural del universo y de la Ley de la atracción. Debes decidirte a vivir en un lugar de gratitud, paz y conciencia más elevadas. Debes aprender a seguir tus instintos, hacer lo que amas y tomarte tiempo para disfrutar. La felicidad es tu derecho por nacimiento y tu obligación es expresarte mediante tus dones y talentos naturales para ser feliz. Con ello también haces una contribución esencial al mundo en que vivimos.

Imagina un mundo donde todos viviéramos de esta manera. Un mundo donde todos asumiéramos la responsabilidad plena de nuestros pensamientos, acciones y consecuencias; donde fuéramos más amorosos, generosos, compasivos y agradecidos. Gracias a la Ley de la atracción, el resultado natural de todo esto son estados de alegría y abundancia en aumento constante. Al ser más felices y agradecidos, creamos una correspondencia vibratoria para todo el bien que ofrece el universo y empezamos a modificar le energía del planeta entero.

Ésta es la llave para el éxito verdadero.
Ésta es la llave para vivir la Ley de la atracción.

Tu viaje comienza aquí, en este instante. Toma las riendas de tu vida, usa esta llave, abre la reja y sigue el camino que te muestro.

Te guiaré paso a paso en este viaje. Vivir la Ley de la atracción consciente e intencionalmente, cambiará tu vida y la forma en que participas en esta comunidad global. Puedes cambiar tu manera de pensar, tu vida y tu mundo. Empieza a vivir la vida para la que naciste. Estás aquí por un motivo y el mundo te necesita.

Imagina el futuro que deseas.
Crea la vida de tus sueños.

Mírala. Siéntela. Créela.

*La fe es la confianza
en la fuerza que mueve al universo.
La fe no es ciega, es visionaria.
La fe es la convicción de que el universo
está de nuestro lado y sabe lo que hace.*

Anónimo

(1)
La Ley de la atracción

**La llave para crear la vida de tus sueños
es comprender la Ley de la atracción**

La Ley de la atracción es la más poderosa del universo.
Al igual que la Ley de la gravedad, siempre está activa, siempre en movimiento.
En este instante está actuando en tu vida.

Expresado de manera simple, la Ley de la atracción dice que
atraemos a nuestra vida aquello en que nos concentramos.
Todo a lo que dirijamos nuestra energía y atención, volverá a
nosotros. Si nos concentramos en las cosas buenas y positivas
de nuestra vida, automáticamente atraemos más cosas buenas
y positivas; si nos concentramos en las carencias y en lo negativo, eso atraeremos a nuestra vida.

> ***Somos aquello
> en que pensamos todo el día.***
> *Robert Schuller*

En todo momento estamos creando. Siempre ha sido así. Creamos nuestra realidad a cada instante, todos los días. Creamos
nuestro futuro con cada uno de nuestros pensamientos, consciente o inconscientemente. Sería imposible hacer una pausa

y dejar de crear, pues la creación nunca se detiene. La Ley de la atracción siempre está funcionando.

Por eso la llave fundamental del éxito es comprender el funcionamiento de esta ley. Si deseas cambiar tu vida y tener lo necesario para crearte un futuro maravilloso, necesitas entender el papel que desempeñas en la Ley de la atracción.

Dejar que la vida te ocurra es irresponsable.
Crear tu día es tu derecho divino.
Ramtha

Así funciona: los iguales se atraen. Cuando sientes emoción, entusiasmo, pasión, felicidad, júbilo, gratitud o abundancia, emites energía positiva. Por el contrario, cuando sientes aburrimiento, ansiedad, estrés, enojo, resentimiento o tristeza, emites energía negativa. El universo, por la Ley de la atracción, responderá intensamente a cualquiera de estas vibraciones. Él no decide cuál es mejor para ti; sólo responde a la energía que transmites, sea cual sea, y la multiplica. Tú recibes exactamente lo que emites. Con cada pensamiento y sentimiento solicitas al universo más de lo mismo.

Debido a que las vibraciones de tu energía atraen energías de la misma frecuencia, debes emitir energía, pensamientos y sentimientos que estén en consonancia con lo que quieres ser, hacer y experimentar. La frecuencia de tu energía debe estar sintonizada con lo que quieres atraer a tu vida. Si lo que deseas atraer es amor y felicidad, debes crear frecuencias de amor y felicidad.

Es como transmitir y recibir ondas de radio: tu frecuencia debe ajustarse a la frecuencia de lo que deseas recibir. Si sintonizas en el dial del radio 98.7, no recibirás la señal que se transmite en el 103.3. Sencillamente es imposible. Tu energía debe sincronizarse con la frecuencia energética del emisor. De igual manera, para atraer energía positiva debes mantener tu vibración sintonizada en una frecuencia positiva.

Otro buen ejemplo es un diapasón. Al golpearlo emite un sonido o frecuencia particular. Si estuviéramos en una habitación llena de diapasones, resonarían sólo los que estuvieran afinados a la misma frecuencia. Se conectarían y responderían automáticamente a una frecuencia igual a la suya. Del mismo modo, debes sintonizarte para resonar con la frecuencia que está en armonía con lo que quieres atraer. Para crear un futuro positivo, tu energía, pensamientos y sentimientos deben ser positivos.

Si quieres controlar tus pensamientos y emociones para mantener una vibración en consonancia con lo que quieres atraer, debes aprender a responder a las situaciones de tu vida y evitar reaccionar. La mayoría va por la vida reaccionado automática e inconscientemente a lo que ocurre alrededor. Imagina que tuviste un día difícil, que se te pinchó una llanta o que alguien te trató injustamente. Imagina que reaccionas de manera negativa con tus pensamientos y emociones. Te sientes enojado, frustrado u ofendido. En este caso estás reaccionando inconscientemente a la situación en vez de responder conscientemente a ella, y tus pensamientos y emociones, cargados de negatividad, tramitan automáticamente con el universo una solicitud de más experiencias negativas. Para crear un resultado positivo, debes aprender a responder conscientemente de una forma distinta, más positiva.

> **Si haces lo que siempre has hecho,**
> **obtendrás lo que siempre has obtenido.**
> *Anthony Robbins*

La buena noticia es que cuando comprendes la Ley de la atracción y cómo trabaja, puedes empezar a crear una vida mejor de manera consciente e intencional. Puedes responder de otra forma a las situaciones cotidianas. Puedes pensar diferente. Puedes concentrarte y pensar en aquello de lo que quieres más en tu vida. Puedes experimentar más y mejor las cosas que te hacen sentir bien. Puedes participar intencionalmente en la creación de tu futuro al controlar tus pensamientos y emociones.

Tu futuro es resultado de lo que estás haciendo hoy, no de lo que harás mañana.

Robert Kiyosaki

Espera milagros

La Ley de la atracción contempla posibilidades infinitas, abundancia infinita y felicidad infinita. No conoce barreras y puede cambiar cualquier aspecto de tu vida.

Para que comprendas a fondo cómo opera la Ley de la atracción en tu vida, debemos analizar algunos asuntos.

Comencemos por el principio.

El universo es cambio; nuestra vida es lo que nuestros pensamientos hacen de ella.

Marco Aurelio

(2)
QUÉ ERES

Eres energía

Pura y simple. Estás hecho del mismo material que el sol, la luna y las estrellas. Eres un bulto de energía inteligente, que camina y habla, en forma de cuerpo humano. Estás hecho de células, hechas de átomos, hechos de partículas subatómicas. ¿Y qué son las partículas subatómicas? ¡Energía!

Todo es energía

Toda la materia es energía.

La energía no se crea ni se destruye.

Es causa y efecto de sí misma.

Está de manera uniforme en todo lugar, en todo momento.

La energía está en movimiento constante y nunca descansa.

Pasa permanentemente de una forma a otra.

La energía sigue al pensamiento.

En el universo no hay piezas de sobra.
Todo individuo está aquí porque debe ocupar un lugar,
y cada pieza debe encontrar su sitio
en el gran rompecabezas.

Deepak Chopra

Estás conectado

Estás conectado con todo y con todos. Eres una parte insustituible de un todo mucho mayor, una parte integral del cosmos. Eres una esfera de energía en un campo de energía más grande. Eres parte de un poder mayor: eres parte de Dios. La sabiduría del universo entero es tuya con sólo pedirla.

Es como internet. No podemos verlo ni tocarlo pero sabemos que está ahí. Es real. Es una conexión energética invisible que nos une. Tú estás conectado con todo y con todos de forma similar.

¿Te ha pasado con personas cercanas a ti que puedes terminar la frase que están diciendo o que dices lo mismo que ellas de manera simultánea? Esto no es coincidencia, ¡es conexión! Éste es un ejemplo perfecto de cuán conectados estamos con quienes nos rodean.

A todos nos ha pasado que estamos pensando en una persona, tal vez alguien a quien no hemos visto o con quien no hemos hablado en años, y al cabo de unos minutos ese individuo nos llama por teléfono. "¡Precisamente estaba pensando en ti!", exclamamos asombrados. Lo que sucede en realidad es que percibimos su intención de llamarnos antes de que lo hiciera. Los pensamientos viajan a través del tiempo y el espacio con una velocidad sorprendente. Gracias a la conexión entre ambos, pudimos percibir la energía de sus pensamientos e intenciones incluso antes de que marcara el teléfono, o tal vez, nuestro pensamiento lo estimuló a llamarnos.

Eres un imán

Eres un imán viviente. Atraes hacia ti, literalmente, las cosas, personas, ideas y circunstancias que vibran y resuenan con tu frecuencia energética. Tu campo de energía cambia constantemente con base en tus pensamientos y sentimientos, y el universo actúa como un espejo que te refleja la energía que proyectas. Mientras más intensos son tus pensamientos y emociones, mayor es la atracción magnética. Ahora bien, este proceso no requiere ningún esfuerzo; un imán no se "esfuerza" para atraer las cosas, simplemente lo hace, ¡igual que tú! En todo momento atraes algo a tu vida.

¿Te das cuenta de que tu vida actual es resultado de lo que has pensado, hecho, creído y sentido hasta ahora? En este instante, puedes empezar a atraer de manera consciente e intencional lo que quieras a tu vida. Por la Ley de la atracción puedes atraer personas, recursos, dinero, ideas, estrategias y circunstancias; literalmente, todo lo que necesitas para crear el futuro de tus sueños.

Eres poderoso

Eres mucho más poderoso de lo que crees. Eres el creador de todo lo que hay en tu vida. Una vez que lo comprendas plenamente y asumas la responsabilidad que te corresponde, harás todo lo que se proponga tu mente. Eres el autor de tu vida y tienes la capacidad de llevarla en la dirección que desees.

Tienes el poder de cambiar tu vida.
Tienes el poder de crear el futuro que deseas.
¡Tienes un potencial ilimitado!

Una vez que tomas una decisión,
el universo conspira
para hacerla realidad.

Ralph Waldo Emerson

(3)
Quién eres

Los pensamientos son cosas

Los pensamientos son más que simples nubecitas que flotan dentro de nuestra cabeza. Los pensamientos son cosas. De hecho, son unidades mensurables de energía. Los pensamientos son impulsos bioquímicos y eléctricos, ondas de energía que, hasta donde sabemos, penetran el tiempo y el espacio.

> *El pensamiento es el ensayo de la acción.*
> *Sigmund Freud*

Los pensamientos son poderosos.
Son reales, son mensurables, son energía.

Cada pensamiento es una declaración de tus deseos al universo. Cada pensamiento genera cambios fisiológicos en tu cuerpo. Eres el producto de todos los pensamientos que has concebido, de las emociones que has sentido y de las acciones que has emprendido hasta ahora; y los pensamientos que concibas hoy, las emociones que sientas hoy y las acciones que emprendas hoy determinarán tus experiencias futuras. Por eso es fundamental que aprendas a pensar y a comportarte de una manera positiva, en concordancia con lo que deseas ser, hacer y experimentar en tu vida.

La vida es como el juego del bumerán. Nuestros
pensamientos, obras y palabras vuelven a nosotros
tarde o temprano, con asombrosa precisión.

Florence Shinn

Los pensamientos influyen en el cuerpo

Los detectores de mentiras muestran que los pensamientos generan cambios en el cuerpo: modifican la temperatura, ritmo cardiaco, presión arterial, frecuencia respiratoria, tensión muscular y nivel de sudoración. Imagina que estás conectado a un detector de mentiras y alguien te pregunta: "¿Tú robaste el dinero?" Si tú lo robaste y mientes, tus manos sudarán o se enfriarán, tu corazón latirá más rápido, tu presión sanguínea aumentará, tu respiración se acelerará y tus músculos se tensarán. Esta clase de reacciones fisiológicas se presentan como respuesta a todos nuestros pensamientos. ¡Cada uno de nuestros pensamientos influye en cada una de nuestras células!

Reconozco que los pensamientos
influyen en el cuerpo.

Albert Einstein

Por todo esto, es importante que aprendas a pensar de la manera más positiva posible. Los pensamientos negativos son tóxicos y afectan al cuerpo negativamente. Nos debilitan, nos hacen transpirar, provocan tensión muscular e incluso desarrollan un entorno más ácido en el organismo. Incrementan las probabilidades de contraer cáncer (las células cancerígenas se desarrollan en el ambiente ácido) y otras enfermedades. Asimismo, emiten una vibración de energía negativa y atraen más experiencias con la misma vibración.

Los pensamientos positivos, por su parte, influyen en el cuerpo de manera positiva. Nos hacen sentir relajados, concentrados y alerta. Estimulan la liberación de endorfinas en el cerebro, que reducen el dolor e incrementan el placer. Además, los pensamientos positivos emiten una vibración de energía positiva que atrae más experiencias positivas a nuestra vida.

Está demostrado científicamente
que un pensamiento positivo
es cien veces más poderoso que uno negativo.
Michael Bernard Beckwith

La conciencia y el inconsciente

Casi todos estamos al tanto de nuestros pensamientos conscientes, pero es importante estarlo también de los subconscientes. El inconsciente, en general, es el que lleva las riendas, y como la mayoría llevamos en la cabeza una grabación negativa que se reproduce de manera constante, continuamente emitimos mensajes negativos. Debemos aprender a reprogramar nuestro subconsciente y a transformar los pensamientos negativos en otros saludables y positivos. Para eliminar estas ideas limitantes y negativas debemos analizar cuidadosamente nuestras creencias e imagen propia. Este diálogo interno negativo es como la estática en una llamada telefónica, que interfiere, distorsiona e incluso bloquea las frecuencias de nuestras intenciones positivas. Si no lo eliminamos, puede reducir nuestra capacidad de crear y manifestar el futuro que deseamos.

Hay momentos en que debes dejar todo atrás, [...]
purgarte. Si hay algo que está produciéndote infelicidad
[...] sea lo que sea, deshazte de ello.
Descubrirás que cuando te liberas
se manifiesta tu verdadera creatividad, tu verdadero yo.
Tina Turner

Por desgracia, muchos nos aferramos a nuestras imágenes y pensamientos negativos. Es nuestra zona de comodidad; estamos acostumbrados a esos conceptos de la realidad y solemos estancarnos en creencias subconscientes de incapacidad, temor y duda. Muchos de estos pensamientos y sentimientos limitantes son resultado de sucesos, creencias y experiencias del pasado que, con el transcurso de los años, hemos interiorizado y convertido en una verdad personal. Estos conceptos negativos pueden sabotearnos e impedir el desarrollo pleno de nuestro potencial y el logro de nuestro máximo crecimiento, a menos que decidamos de manera consciente abordarlos, renunciar a ellos y dejarlos ir.

Es como si intentaras manejar un auto con el freno de mano puesto: no importa cuánto aceleres, el freno impedirá tu avance, pero tan pronto lo quites empezarás a avanzar automáticamente y sin esfuerzo. Tus pensamientos, sentimientos y conductas limitantes son una especie de freno psicológico. Te arrastrarán e impedirán tu avance a menos que decidas dejarlos ir y remplazarlos con creencias y pensamientos positivos.

Para adquirir una imagen y un sistema de creencias saludables debes estar dispuesto a renunciar a tu programación mental negativa y a salir de tu zona de comodidad. Esto modificará tu vibración energética y te permitirá atraer con facilidad y eficacia la energía y las experiencias positivas que deseas en tu vida.

Tus creencias sólo son pensamientos habituales que puedes modificar con afirmaciones, diálogo interno positivo, cambios de conducta y técnicas de visualización. Todas estas estrategias son muy eficaces para liberarnos de estos viejos patrones negativos de pensamiento, y las analizaremos en capítulos posteriores.

Si tu programación negativa está muy arraigada y tienes dificultades para liberarte de ella, puedes intentar un enfoque diferente. Conozco tres técnicas muy poderosas para hacerlo, y son excelentes para liberarse de patrones de pensamiento, creencias y sentimientos negativos:

The Sedona Mehtod, por Hale Dwoskin
(www.sedonamethod.com)
The Work, por Byron Katie
(www.TheWork.com)
The Emotional Freedom Technique
(www.emofreee.com)

Estas páginas web contienen información sobre libros, cursos de audio y seminarios que te enseñarán a liberarte rápida y definitivamente de tu programación mental negativa y te permitirán volver a un lugar de conciencia pura.

> *Lo que la mente humana puede concebir y creer es lo que puede lograr.*
>
> Napoleon Hill

La conciencia

La conciencia es la parte de la mente que piensa y razona, la que usamos para tomar decisiones en la vida cotidiana. En ella reside el libre albedrío y nos permite decidir lo que queremos crear en nuestra vida. Con esta parte de la mente podemos aceptar o rechazar cualquier idea. Nada ni nadie puede obligarnos a pensar conscientemente algo que no queramos. Obviamente, los pensamientos que elijamos determinarán el curso de nuestra vida. Con la práctica y un poco de disciplina, podemos aprender a elegir sólo los pensamientos que respalden la manifestación de nuestros sueños y objetivos. La conciencia es poderosa, pero es la parte más limitada de la mente.

La conciencia tiene:

Capacidad de procesamiento limitada
Memoria de corto plazo (aproximadamente 20
   segundos)
Capacidad de manejar de 1 a 3 acontecimientos
   a la vez
Impulsos que viajan de 190 a 220 km por hora
Capacidad de procesar un promedio de 2,000
   bits de información por segundo

El inconsciente

El inconsciente es mucho más espectacular. También se le llama mente espiritual o universal, y no conoce más límites que los que elegimos conscientemente. En él residen nuestros hábitos e imagen propia. Actúa en cada célula de nuestro cuerpo. Es la parte de la mente conectada con nuestro Ser Superior en un nivel mucho más elevado que la conciencia. Es nuestra conexión con Dios, con la Fuente, con la Inteligencia Universal Infinita.

El inconsciente es habitual y atemporal, y sólo opera en tiempo presente. Almacena nuestras experiencias de aprendizaje y recuerdos, y controla todas las actividades corporales: funciones motoras, frecuencia cardiaca, digestión, etcétera. El inconsciente acepta cualquier pensamiento que la conciencia decida pensar; no tiene la capacidad de rechazar conceptos ni ideas. Por ello podemos utilizar la conciencia para reprogramar intencionalmente nuestras creencias: el inconsciente aceptará las ideas y creencias nuevas; no puede rechazarlas.

¡Podemos cambiar de manera consciente el contenido de nuestro inconsciente!

El inconsciente tiene:

Capacidad de procesamiento amplia

Memoria de largo plazo (experiencias, actitudes, valores y creencias del pasado)

Capacidad de manejar miles de acontecimientos a la vez

Impulsos que viajan a más de 160,000 km por hora

Capacidad de procesar un promedio de 4,000,000,000 bits de información por segundo

Como ves, el inconsciente es mucho más poderoso que la conciencia. Imagina que la mente es un iceberg: la parte visible, la que está fuera del agua, es la conciencia y representa sólo una sexta parte de nuestra capacidad mental; la parte que está debajo del agua (los otros cinco sextos) es el inconsciente. Cuando actuamos principalmente con base en la conciencia —como es lo habitual— usamos sólo una fracción de nuestro potencial auténtico. La conciencia es un vehículo mucho más lento y pesado que el inconsciente.

Así pues, el objetivo es utilizar el enorme poder del inconsciente en beneficio propio. Debemos dedicar todos los días un momento a "conversar" con nuestro inconsciente espiritual. Este tiempo sin distracciones externas fortalecerá la conexión con la persona que somos en realidad. Para conectarnos con nuestro inconsciente podemos utilizar varias técnicas, como afirmaciones, visualización, oración, contemplación y meditación, gratitud y aprecio, así como diversas estrategias de concentración.

El inconsciente puede llevarnos a donde queramos y ayudarnos a alcanzar nuestras metas mucho más rápido y fácil que la conciencia. Al conectarnos con la velocidad, la agilidad y el poder prodigioso del inconsciente, empezaremos a utilizar la Ley de la atracción intencionalmente para atraer y crear con eficacia los resultados deseados.

En tu interior está el poder de hacer cosas
que jamás creíste posibles.
Este poder se pone a tu disposición
tan pronto cambias tus creencias.

Dr. Maxwell Maltz

(4)
EMOCIONES

Las emociones son la clave

Las emociones son un elemento fundamental para aplicar la Ley de la atracción. Aprende a escucharlas: son un sistema interno de retroalimentación que te informa sobre la respuesta visceral de tu cuerpo a las vibraciones que creas. Esta frecuencia vibratoria la generas con cualquiera que sea el objeto de tu atención: los pensamientos que estás concibiendo, las creencias que estás considerando, el programa de televisión que estás viendo, la música que estás escuchando o el libro que estás leyendo; con cualquier actividad que realices.

Los sentimientos son parte de nuestro sistema de orientación interno. Cuando sentimos alegría y tenemos una sensación de expansión es porque vamos en la dirección correcta: las cosas que están ocupando nuestra atención, los pensamientos que concebimos, las ideas que consideramos y las actividades que realizamos nos impulsan activamente hacia nuestros sueños, deseos y propósito.

Cuando sentimos ira, tristeza, depresión o desesperanza —cualquier sentimiento que produce una sensación de contracción física— es porque estamos pensando y prestando atención a cosas que nos alejan de nuestros sueños, deseos o propósito. La retroalimentación nos dice que hemos perdido el rumbo. Las emociones nos dicen que es hora de cambiar la marcha; que es hora de concebir pensamientos más edificantes, modificar nuestro enfoque, pasar a otro canal, cambiar el tema de conversación y hacer algo diferente que transforme nuestra energía y nos proporcione sentimientos de felicidad y expansión.

> *El amor es vida;*
> *si dejas de lado el amor,*
> *dejas de lado la vida.*
>
> Leo Buscaglia

Debido a que tu estado vibratorio atrae lo que deseas, es fundamental que tus emociones sean siempre lo más positivas posible. Debes esforzarte en mantenerlas en la gama de lo positivo: alegría, amor, felicidad, regocijo, satisfacción, alivio, orgullo, gratitud, relajación, serenidad.

Estos sentimientos elevarán tu nivel vibratorio y crearán una "correspondencia vibratoria" para las experiencias que esperas tener cuando tus sueños se hagan realidad. Recuerda: los iguales se atraen. Al crear de manera intencional los estados emocionales positivos que corresponden a los sentimientos que tendremos al cumplir nuestros objetivos y deseos, estamos creando un campo de energía que atraerá lo que queremos. Ésta es otra razón importante para aprender a responder a las circunstancias en vez de reaccionar ante ellas y, por tanto, para aprender a controlar nuestros estados emocionales.

Así que haz lo que te haga sentir bien. ¡Apasiónate y entusiásmate con tu vida! Al sentir con plenitud y profundidad las emociones, irradias al universo frecuencias más intensas. Mientras más intensos son tus sentimientos, más rápido es el proceso de atracción vibratoria.

Es absolutamente necesario que te des tiempo para hacer lo que amas y que te cuides de este modo, sin importar cuán atareada sea tu vida.

Las investigaciones muestran que lo que sentimos es mucho más importante que lo que pensamos o decimos. Las emociones nunca mienten. Son indicadores confiables de nuestros pensamientos y de si estamos actuando o no en concordancia con nuestra verdad personal, con nuestros deseos más profundos. No las ignores ni intentes desacreditarlas mediante la razón. Empieza por advertir su presencia. Si no están en la gama de lo positivo (esperanza, expectativa, aceptación, gratitud, amor, alegría), libérate de ellas y elige un pensamiento mejor. Opta por pensamientos que generen sentimientos positivos o simplemente deja lo que estás haciendo y haz algo que disfrutas. Da una caminata, pon algo de música, acaricia al gato, ¡toma el control y haz algo para volver a la gama de emociones positivas!

Todo lo que ocurre
es consecuencia de lo que eres.

David R. Hawkins

Retroalimentación interna y externa

Recuerda: la felicidad es tu sistema interno de orientación; es un mecanismo personal de retroalimentación interna. Si te sientes emocionado, feliz y satisfecho, lo más probable es que vayas en la dirección correcta, en concordancia con tu verdad personal; si te sientes deprimido, triste o afligido, es probable que no. Así de simple. Si te sientes feliz, estás haciendo algo bueno, así que continúa haciéndolo. Presta atención a cómo te sientes y mantente en dirección de la alegría. Tu felicidad de este momento es la clave para atraer más felicidad en el futuro.

Además de esta retroalimentación interna, constantemente estamos recibiendo retroalimentación externa, mensajes que nos envía el universo. Ésta se presenta en varias formas. Son las señales sutiles y no tan sutiles que recibimos de las personas, situaciones y sucesos de nuestra vida. Seguramente has experimentado momentos en que las cosas se te facilitan y todo parece salir bien sin esfuerzo de tu parte. Te sientes respaldado en tus actos y empresas. Es la retroalimentación externa que te dice que vas en la dirección correcta.

En contraste, hay momentos en que encuentras obstáculos a cada paso y nada te sale bien, no importa cuánto te esfuerces. Es la retroalimentación externa del universo que te protege y te dice que has perdido el rumbo, que estás nadando río arriba, contra la corriente. Estos sistemas interno y externo de retroalimentación te dirán si vas en la dirección correcta o no. Todo lo que necesitas hacer es aprender a prestar atención a lo que te dicen. Ellos te guiarán si se los permites.

Cada vez que he hecho algo
que no parece correcto, resulta no ser correcto.

Mario Cuomo

Por supuesto, habrá momentos de tristeza, pena y dolor en nuestra vida. La vida tiene un flujo y reflujo natural, y sin los momentos tristes no apreciaríamos los alegres. Sin la oscuridad no apreciaríamos la luz. Estos momentos dolorosos son oportunidades muy subestimadas para el crecimiento emocional y espiritual. Nos ofrecen un marco de referencia indispensable y nos ayudan a reconocer y a apreciar, mediante el contraste y la comparación, las muchas bendiciones que gozamos en nuestra vida.

Obviamente, es más difícil mantener pensamientos y sentimientos positivos ante el dolor y la oscuridad. Recuerda que tú decides cómo responder o percibir cualquier situación. En realidad, no hay sucesos "buenos" ni "malos", sólo ideas y percepciones preconcebidas que nos hacen verlas de una u otra manera. Todo lo que ocurre en nuestra vida es una oportunidad para crecer en algún aspecto. Recuerda que cualquier suceso aparentemente negativo puede convertirse en la semilla de algo hermoso y benéfico.

> *No existen los errores ni las coincidencias.*
> *Todos los acontecimientos son bendiciones*
> *que recibimos para aprender.*
>
> Elisabeth Kübler-Ross

Emociones positivas y negativas

Tal vez has notado que en momentos de felicidad o gratitud tienes una sensación de ligereza y expansión, te sientes conectado, te sientes vivo. Es el estado natural de tu ser. Así debe ser tu vida. Esfuérzate para vivir en un estado de alegría, fascinación y gratitud. Estas emociones positivas y expansivas te hacen sentir bien y elevan tu frecuencia vibratoria. En este lugar de amor y alegría eres uno con Dios, eres un imán para toda la belleza y abundancia del universo.

Por su parte, las emociones negativas como el odio, la ira, los celos y el miedo producen el efecto contrario. Disminuyen tu frecuencia vibratoria y te hacen sentir ansioso, tenso y constreñido. Pueden crear trastornos y enfermedades. Las emociones negativas provocan invariablemente una sensación de aislamiento, de desconexión. Son como un muro, una barrera para la alegría que en realidad eres. Estas emociones no sólo impiden el flujo de energía positiva a tu vida sino que atraen más energía negativa.

Si has estado aferrándote a sentimientos de ira, temor, resentimiento o traición, es momento de dejarlos atrás. Libérate de esos viejos pensamientos y pautas de comportamiento para vivir en el presente. Al concentrarte en tu dolor e ira sólo atraes más circunstancias negativas y malsanas a tu vida. Necesitas hacer espacio para los sentimientos y las experiencias positivas que deseas atraer.

Perdón

El perdón es un proceso necesario y verdaderamente transformador. Debes estar dispuesto a perdonar a cualquier persona o situación que te haya causado dolor y a liberarte de ella. Cuando te aferras a emociones y pensamientos negativos sólo te haces daño y atraes más energía negativa. Se dice que resistirse a perdonar a alguien es como tomar veneno y esperar que le haga daño al otro. Sólo bendice a la persona o situación, libéralas, y también ten la disposición de perdonarte si fuera necesario.

Al reconocer tu pasado positivo y liberar tu pasado negativo abres espacio para un futuro hermoso. El perdón auténtico es profundamente catártico: te purificará y te liberará. Es un proceso increíblemente poderoso que te llevará del dolor y la ira a una elevada frecuencia vibratoria de amor.

Debido a que la Ley de la atracción responde a la vibración energética de tus pensamientos y emociones, debes concentrar tu atención en lo que genera en ti un estado de vibración positiva. Muchos expertos en la Ley de la atracción dicen que no hay nada más importante que sentirse bien. Por ello, debes dedicar tiempo a hacer lo que te hace feliz. Escucha la música que te gusta. Camina por la playa. Haz algo amable por alguien. Trátate bien. Elige pensamientos positivos y genera una correspondencia vibratoria para lo que quieres atraer a tu vida. Crea de manera intencional y deliberada circunstancias y sentimientos positivos, el universo responderá como corresponde.

Debes estar en concordancia con lo que pides.
Eso es la alegría, eso es la gratitud, eso es la pasión.
Si te sientes desesperado, temeroso o enojado
es porque en ese momento no estás en concordancia
con lo que pides.
Esther Hicks

Recuerda: nadie puede decirte cómo debes sentirte, sólo tú puedes tomar esa decisión. Si te sientes mal presta atención a lo que está produciendo ese sentimiento negativo: no son las circunstancias externas sino tú, así como tus juicios, creencias, ideas y pensamientos acerca de esas circunstancias. El modo en que decides interpretar una situación determinará tu respuesta emocional; sólo recuerda que todo puede verse bajo una luz positiva.

Debes elegir conscientemente la felicidad. Elige el optimismo. Elige vivir en un lugar de gratitud y alegría constantes.

No te conformes con menos que magnificencia en tu vida. Tus emociones alimentan tu energía y tu energía alimenta tu futuro.

No vivas en el pasado.
Úsalo para ilustrar un asunto y déjalo atrás.
No hay nada más importante
que lo que estás haciendo en este instante.
A partir de este momento puedes ser una persona
completamente diferente, llena de amor y comprensión,
dispuesta y con la mano extendida;
positiva en todos sus pensamientos y obras.

Eileen Caddy

(5)
CONCÉNTRATE EN LO POSITIVO

Toma la decisión de concentrarte en lo positivo

La Ley de la atracción no clasifica la información que le proporcionamos. No decide qué es mejor para nosotros. Como tenemos libre albedrío, decidimos en qué queremos concentrar nuestra energía y atención. El universo simplemente nos lo refleja: cuando concentramos nuestra atención en algo, sea positivo o negativo, él simplemente nos da más de ello.

Por eso es tan importante concentrarnos en lo que queremos, no en lo que no queremos. Expresa tus deseos de manera positiva. La mente trabaja con imágenes y si dices: "No quiero enojarme", estás creando la imagen y la vibración de estar enojado. El universo sólo recibe la frecuencia de "enojo" y responde a ella. Debes concentrarte en lo opuesto de lo que no quieres. En este caso, sería más conveniente decir: "Quiero ser más positivo y aceptar las cosas tal y como son".

Una vez que remplazas
los pensamientos negativos con positivos,
empiezas a obtener resultados positivos.
Willie Nelson

Evita enviar mensajes contradictorios al universo y a quienes te rodean, pues disminuyen tu capacidad de atraer y manifestar con claridad y poder.

Por ejemplo, cuando estás "en contra" de algo, en realidad estás recreándolo. ¡Estás provocando precisamente lo que quieres eliminar! Si estás "en contra de la guerra", ten cuidado. La palabra clave es "guerra" y es exactamente lo que obtendrás. Una mejor opción es estar "en pro de la paz". El universo recibirá la vibración de "paz" y responderá como corresponde. La guerra al terrorismo ha provocado más terrorismo. La violencia atrae violencia y el amor atrae amor.

Realiza este pequeño cambio en tu vida. Esfuérzate en reestructurar tu forma de pensar y actuar, y no desperdicies energía pensando en lo que no quieres. Siempre que sea posible, evita exponerte y exponer tus pensamientos y emociones a las personas e influencias negativas que hay en tu vida.

Si continuamos siendo lo que somos,
no podemos convertirnos en lo que debemos ser.

Max Depree

La negatividad puede ser insidiosa. Entra subrepticiamente en nuestras vidas a través del noticiario nocturno y del periódico. Es tan común que nos resulta casi normal; nos hemos vuelto inmunes a las dosis diarias de guerra, crimen, violencia y corrupción. Sé firme. Rehúsate a darle tu atención. Debes dejar de prestar atención a las cosas que no quieres. Deja de hablar de ellas, deja de leer sobre ellas y deja de decir cuán malas son. Concéntrate sólo en lo que quieres atraer. Recuerda: tu energía fluye hacia donde va tu atención.

Muchas veces nos expresamos de manera negativa pero lo hacemos inconscientemente. Simplemente es un mal hábito. A partir de este momento concéntrate sólo en lo que quieres.

Hazlo con tus pensamientos y en tu comunicación con los demás. Evita el uso de un lenguaje limitante o negativo. Cada pensamiento y cada palabra envía un mensaje al universo. En todo momento estás enviando tu solicitud de experiencias futuras.

Remplaza con mensajes positivos los negativos.

Estos son algunos ejemplos:

En vez de pensar: "No quiero llegar tarde",
piensa: "Quiero llegar a tiempo".

En vez de pensar: "No quiero olvidarlo",
piensa: "Quiero recordarlo".

En vez de pensar: "No sé cómo...",
piensa: "Estoy empezando a..."

En vez de decir: "No azotes la puerta",
di: "Por favor cierra suavemente la puerta".

En vez de decir: "Tu habitación es un desastre",
di: "Por favor mantén tu cuarto en orden".

En vez de decir: "Deja de hacer tanto ruido",
di: "Por favor sé un poco más silencioso".

Reflexiona un momento en esto. Si le dices a alguien: "No vayas a tirar ese vaso, derramarás la leche", ¿qué imagen surge en tu mente? Por supuesto, la de un vaso tirado y un charco de leche. Evita crear el pensamiento, la imagen y la vibración energética de lo que no quieres... y concentrarte en los pensamientos e imágenes que están en concordancia con lo que quieres crear en tu vida. Con ello también evitarás implantar la imagen de lo que no quieres en la mente de los demás ¡y en la mente universal!

En muchas facetas de nuestra vida solemos concentrarnos en lo que no queremos, y nuestra salud es una de ellas. Piensa cuántas veces, al enfrentar una enfermedad, nos centramos enteramente en el problema y no en el resultado deseado. Nos concentramos por completo en la enfermedad y en todo lo que conlleva, y no en la salud. Como aquello en que nos concentramos aumenta, lo más conveniente es dirigir nuestra energía y pensamientos al bienestar. Mantén pensamientos positivos y optimistas, y visualízate saludable y entero. Tu energía, pensamientos, visualizaciones, afirmaciones, oraciones y meditaciones positivas, combinadas con el tratamiento médico que elijas, contribuirán al proceso de curación. Recuerda: en todas las facetas de tu vida concéntrate en lo que quieres y no en lo que no quieres.

El secreto de la salud del espíritu y del cuerpo
está en no llorar por el pasado,
preocuparse por el futuro o anticipar problemas,
sino vivir en el momento presente
con sabiduría y conciencia.

Buda

Piensa en cuánto tiempo dedicamos a hablar sobre los problemas y a concentrarnos en lo que está mal en nuestras vidas. A partir de hoy, comprométete a modificar tu energía, así como a pensar y hablar de manera positiva. ¡Concéntrate en lo bueno que hay en tu vida!

¡Empieza a fijarte adónde se dirige tu atención! Te sorprenderás al ver con cuanta frecuencia piensas, hablas o actúas concentrándote en lo opuesto a lo que quieres. Recuerda: siempre estás atrayendo algo, así que deja de atraer lo que no quieres y empieza a atraer lo que quieres. Dirige tu atención sólo a lo que sea digno de ella y esté en concordancia con tus sueños y metas.

Es perfectamente legítimo que te fijes en lo que no quieres. Sólo úsalo como un primer paso en el proceso de decidir qué quieres, y deshazte del hábito de dedicarle tanta energía y atención. Piensa en lo que no quieres sólo el tiempo necesario para identificar lo que sí quieres. El contraste te dirá lo que preferirías tener y te aclarará las cosas. Recuerda redirigir tu atención a lo positivo y sigue adelante.

Conviértete en la correspondencia vibratoria del futuro que deseas.
Concéntrate en lo bueno de ti y de los demás.
Concéntrate en lo luminoso y en la belleza de tu vida.

La persona que emite pensamientos positivos activa positivamente el mundo que lo rodea y atrae resultados positivos.
Dr. Norman Vincent Peale

(6)
ABUNDANCIA

La abundancia es el estado natural del ser

Cualquier cosa que desees puede fluir sin esfuerzo a tu vida si comprendes y aplicas la Ley de la atracción. Vivimos en un mundo que hace hincapié en la escasez y la carencia, pero en realidad es un mundo de abundancia. No hay escasez, no hay carencia. Hay alimento, dinero, felicidad, realización espiritual y amor para todos.

Si deseas crear abundancia de amor en tu vida, concéntrate en el amor. Sé el amor que quieres atraer. Sé más amoroso y generoso con los demás y contigo. Al crear la vibración del amor atraerás automáticamente más amor a tu vida. Concéntrate en lo que quieres tener en tu vida y agradece lo que ya tienes. La gratitud es en sí una manifestación de la abundancia, y la frecuencia vibratoria de la gratitud y el aprecio atraen automáticamente más por lo que sentirse agradecido.

La abundancia no es algo que debamos adquirir
sino algo con lo que debemos sintonizarnos.
Las oportunidades para ganarnos la vida
haciendo lo que nos gusta no escasean;
lo que escasea es la determinación para hacerlo.

Wayne Dyer

Por ejemplo, si quieres crear abundancia financiera empieza concentrándote en la prosperidad y en el dinero que fluirá a tu vida. Visualiza los cheques que recibirás por correo. Escribe un cheque a tu nombre por la cantidad que deseas manifestar este año y colócalo en un lugar visible. Cada vez que lo veas, cree que es posible. Realiza una donación a la organización benéfica de tu preferencia con la confianza de que puedes permitírtela. Debes estar dispuesto a dar para recibir. Imagina la sensación tan maravillosa de ser libre financieramente. Visualiza las cosas que harás, los lugares que visitarás y la manera en que cambiará tu vida. Permítete sentirlo como si ya fuera una realidad. Ahora, piensa en cómo utilizarás tu prosperidad financiera para retribuir a tu comunidad. Imagina lo bien que te sentirás al ayudar a otros con una contribución significativa a su vida. Dedica un momento a agradecer todo lo que tienes. Al hacerlo creas una correspondencia vibratoria para la abundancia financiera que deseas atraer.

Esto no significa que no debas actuar también; sólo significa que para crear y recibir abundancia en tu vida debes avanzar hacia tus metas tanto en tu interior como en el exterior. Debes saber exactamente qué deseas (en este caso, abundancia financiera), creer que ocurrirá y, como una extensión de esa creencia, debes estar dispuesto a dar todos los pasos lógicos y pertinentes, además de las acciones intuitivas que se te ocurran. Debes estar dispuesto a seguir tu intuición, crear la correspondencia vibratoria de lo que deseas atraer y confiar en que los resultados ya están fraguándose. Ya dejaste de luchar contra la corriente y avanzas siguiéndola sin esfuerzo, con el ritmo natural de la vida.

Todo lo que esperamos —tranquilidad, satisfacción, bendiciones, la conciencia interior de la abundancia— llegará a nosotros sin falta, cuando estemos preparados para recibirlo con un corazón abierto y agradecido.
Sarah Ban Breathnach

El universo entero te respaldará abundantemente en todos los aspectos cuando avances con esta intención hacia tus sueños. Responderá a la vibración de tu pasión y compromiso. Por tanto, empieza a prestar atención a las muchas sincronicidades que suceden en tu vida y toma conciencia de todas las oportunidades, ideas, personas y recursos que estás atrayendo. Mantente abierto a ellos y piensa creativamente. A menudo las oportunidades se presentan de maneras sorprendentes. Haz lo que te gusta hacer, apasiónate y cree en ti.

Si estás dispuesto a dedicarte de todo corazón a tus sueños, todos los recursos necesarios, incluyendo el dinero, llegarán a ti.

No existe un orden de dificultad en el universo; tampoco hay escasez de dinero en el mundo. Si en la actualidad tienes deudas, elabora un plan para liquidarlas, síguelo, y desvía tu atención de ellas; empieza a concentrarte en la riqueza que estás creando.

Lo que constituye nuestra abundancia
no es lo que tenemos sino lo que disfrutamos.
John Petit-Senn

Básicamente, el universo responderá abundantemente a la vibración de cualquier cosa que te apasione, reciba tu atención y creas posible. Como aquello en que nos concentramos aumenta, no debes permitirte pensamientos o creencias limitantes. Concentra tus pensamientos, emociones y energía en la expansión y en las posibilidades ilimitadas que están ante ti. Utiliza el poder de la conciencia y del inconsciente para crear la correspondencia vibratoria de la abundancia que deseas y mereces.

Dedica tiempo a agradecer la impresionante abundancia que ya está presente en tu vida y ábrete para recibir todo el bien que ofrece el universo. Mediante la Ley de la atracción, el universo responderá a la vibración de tu gratitud y aprecio sincero con más abundancia.

Utiliza la Ley de la atracción para atraer abundancia a todas las facetas de tu vida. Nuestro universo es abundante. No hay límites. Así como al océano no le preocupa si te diriges a él con un dedal, una taza, un cubo o un vagón cisterna, al universo tampoco le preocupa.

Amor, alegría, salud y riqueza en abundancia son tuyos con sólo pedirlos.
Son tu derecho por nacimiento.
Todo lo que tienes que hacer es reclamarlos.

Puedes tener todo lo que quieras
si lo deseas con la fuerza necesaria.
Puedes ser lo que quieras ser
y hacer cuanto te propongas
si te aferras a ese deseo con total determinación.
Abraham Lincoln

(7)
PROPÓSITO Y PASIÓN

Encuentra tu propósito y pasión en la vida

Todos nacimos con un propósito. Todos estamos aquí por una razón y estamos aquí para servir a los demás. Somos como las células de un cuerpo: cada uno desempeña funciones únicas y, colectivamente, servimos a la totalidad del organismo. Una vida con propósito no es sólo una expresión auténtica de la persona que eres en realidad; es tu contribución al mundo y el mundo necesita lo que tienes para ofrecerle. Cuando vives tu vida "con propósito" experimentas mayor plenitud y alegría en todo lo que haces. El universo te respaldará en todas tus empresas cuando vivas en concordancia con tu propósito, tu pasión y tu verdad interior.

El propósito de la vida es que vivamos con propósito.

Richard Leider

Por ello debes dedicar un tiempo a mirar profundamente en tu interior e identificar tu misión y propósito en la vida. La mejor manera de hacerlo es mediante la contemplación, la oración y la meditación, pero hay algunas técnicas que puedes utilizar en este instante para ponerte en marcha. Puedes empezar por interiorizar el hecho de que no existen accidentes y de que estás en este mundo por una razón. Tienes un propósito en esta vida y en este mundo, y tu contribución es insustituible.

La mayoría no sabe a ciencia cierta cuál es su propósito; no se ha dado el tiempo de sondear en su alma para descubrir su auténtica misión. Las cuentas por pagar, las responsabilidades y el trabajo nos han apartado de nuestro propósito, y tenemos tan poco tiempo libre que ni siquiera sabemos qué nos gusta en realidad. Esto es transigir con la persona que eres en realidad y con lo que tienes para ofrecer al mundo. Debes dar prioridad a descubrir tu auténtica misión en la vida. Si no vives una vida con propósito, no estás viviendo con todo tu potencial ni contribuyendo con todas tus capacidades.

Tu pasión auténtica debe ser para ti como respirar, así de natural.

Oprah Winfrey

Funciona de esta manera: a lo largo de toda tu vida has recibido señales acerca de cuál es tu propósito. Tienes dones, talentos, intereses, virtudes y cualidades completamente únicas, y naciste para utilizarlas. Aquello que te proporciona más alegría y te hace sentir verdaderamente vivo es otra pista sobre cuál es tu propósito. Todo se reduce a lo siguiente: naciste para hacer lo que te produce alegría, y tus dones y talentos son tu contribución al mundo. Una vida con propósito e intención enaltecerá y nutrirá tu espíritu en el nivel más profundo y, al mismo tiempo, contribuirá al mundo que te rodea.

Define tu propósito

Dedica unos momentos de paz y tranquilidad para apartar de tu mente cualquier distracción. Las siguientes técnicas te ayudarán iniciar el proceso para definir tu propósito, y conviene que contestes estas preguntas desde el lugar más profundo de tu conciencia, con ayuda de la oración y la meditación.

Empieza elaborando una lista de las ocasiones en que te has sentido más vivo y feliz en tu vida.

Las ocasiones en que me he sentido más vivo y feliz:

_____

_____

_____

_____

_____

_____

_____

_____

_____

_____

Analiza cuidadosamente esta lista y pregúntate qué tienen en común estas experiencias. Toma nota de ello. Este elemento común es un indicio de lo que te produce más felicidad... ¡y lo que te da felicidad es un indicio de tu propósito en la vida!

Ahora considera las siguientes preguntas y escribe tus respuestas.

¿Qué dones naturales tengo?

_____

_____

_____

_____

_____

_____

¿Qué habilidades y talentos tengo?

_____

_____

_____

_____

_____

_____

_____

¿Qué me gusta hacer?

_____

_____

_____

_____

_____

_____

¿En qué momentos me siento más vivo?

_____

_____

_____

_____

_____

_____

_____

¿Qué me apasiona?

_____

_____

_____

_____

_____

_____

_____

¿Qué es lo que me produce más alegría en la vida?

_____

_____

_____

_____

_____

_____

_____

¿Cuándo me siento mejor conmigo?

_____

_____

_____

_____

_____

_____

¿Cuáles son mis fortalezas y características personales?

_____

_____

_____

_____

_____

_____

_____

¿Qué dicen las personas que hago bien?

_____

_____

_____

_____

_____

_____

_____

¿De qué manera me gusta interactuar con los demás?

_____

_____

_____

_____

_____

_____

_____

¿Qué cambiaría en el mundo si pudiera?

_____

_____

_____

_____

_____

_____

_____

¿Qué características tienen en común tus respuestas a estas preguntas?

¿Qué tienen en común tus respuestas y la lista que hiciste primero?

Pide claridad, orientación divina e inspiración mediante la oración o la meditación. Pide que se te muestre cómo puedes utilizar tus dones y los lugares felices de tu interior no sólo para ganarte la vida sino para servir al mundo.

Ahora, combina tus respuestas y tu lista en dos o tres oraciones completas. Estás en proceso de definir tu propósito en la vida, tu misión personal, con base en la persona que realmente eres y en tus intereses, dones, talentos y pasiones particulares.

Mi propósito en la vida

_____

_____

_____

_____

_____

_____

_____

_____

_____

_____

_____

_____

_____

_____

_____

_____

Al expresar tu propósito en la vida estás definiendo quién eres, quién deseas ser y cómo quieres manifestarte en el mundo. Abre tu mente y tu corazón a las posibilidades que ya existen. Escucha las respuestas a tus oraciones y toma conciencia de las ideas, inspiración y oportunidades que se presentan.

Las cosas empezarán a presentarse exactamente como deben hacerlo, en el marco temporal más benéfico para ti. Sigue tus pensamientos e ideas procedentes de tu intuición y sueña en grande. Todavía no necesitas saber exactamente cómo convertir tu misión en una realidad; cuando hayas definido tu propósito, sólo mantente abierto a las distintas posibilidades que surjan. No te aferres y deja que las cosas se presente como deben hacerlo.

> *Si quieres ser feliz,*
> *proponte un objetivo que estimule tu pensamiento,*
> *libere tu energía*
> *y aliente tu esperanza.*
> Andrew Carnegie

Siempre que hagas lo que te gusta y apasiona, el universo responderá automáticamente por la Ley de la atracción y te apoyará de todas las maneras posibles. ¡Imagina tu vida y trabajo llenos de significado, propósito y pasión! Imagina lo bien que se siente hacer lo que te gusta, divertirte haciéndolo, ganar dinero y hacer una contribución significativa al mundo.

Las personas más felices y exitosas son las que han organizado su profesión y actividades con base en sus talentos y pasiones. Con ello han atraído todas las ideas, los recursos, las personas y el dinero necesarios para crear la vida de sus sueños. Han creado la correspondencia vibratoria de la alegría y la abundancia al identificar su propósito, creer en sus sueños y avanzar confiadamente en dirección de las metas y deseos que se han planteado.

Empieza a vivir conscientemente y "con propósito". Todo lo que hagas, cada actividad en que participes, debe estar en concordancia con tu felicidad, con tu verdad última y con tu misión en la vida. No sigas ocultando al mundo tus dones y talentos. Una vida con propósito e intención es una vida satisfactoria en todos los niveles. El trabajo debe ser divertido, la vida debe ser divertida, ¡y el mundo necesita lo que hay en ti! Estás en este mundo por una razón y debes empezar a respetar esa razón. Permite que todo lo que hagas fluya desde tu propósito y pasión y experimentarás (y atraerás) felicidad, abundancia y éxito verdaderos.

Crea una vida plena de pasión y significado.
Crea una vida con propósito.
Sigue tu dicha.

Hay una característica indispensable para triunfar,
y es la claridad de propósito:
el conocimiento de lo que se quiere
y el deseo ferviente de poseerlo.

Napoleon Hill

(8)
DEFINE TUS SUEÑOS

¿Cuáles son tus sueños?

Piensa detenidamente en lo que deseas crear en tu vida. Considera cada una de sus facetas y concéntrate en lo que quieres, no en lo que no quieres. Ponte en contacto con tu verdad interior, con tus sueños y objetivos auténticos, con tus deseos más profundos. Asúmelos sin temor, vergüenza o inhibiciones. Tus sueños y deseos no están sujetos a la aprobación de los demás. Son tuyos y sólo tuyos, pero debes definirlos para hacerlos realidad.

Mereces tener lo que verdaderamente quieres, y todos tus sueños son válidos si son importantes para ti. Puede ser una relación romántica, un auto nuevo, una habilidad nueva, vacaciones o prosperidad financiera. Por cierto, contrariamente a lo que se piensa, no hay nada malo en desear riqueza financiera. Puedes hacer mucho bien en el mundo con más recursos económicos en tu cuenta bancaria. Lo que puede resultar problemático es el apego al dinero; sólo recuerda que para recibir debes dar, y mantén metas elevadas.

Tus sueños y aspiraciones deben encender la pasión, y esta pasión no sólo te impulsará para lograrlos sino que emitirá una frecuencia vibratoria positiva al mundo. Por supuesto, en virtud de la Ley de la atracción, el universo responderá como corresponde.

Recuerda que todo es posible. No limites ni censures tus visiones del futuro. Debes creer en ti y creer que eres digno de ellas. Haz que todos tus actos, sueños, metas y deseos estén en consonancia con tu propósito en la vida. Decide cómo quieres que sea tu futuro.

Si queremos que los sueños se hagan realidad primero necesitamos soñar.

Denis Waitley

Hay siete facetas importantes en tu vida que debes considerar para definir tus objetivos y sueños.

Siete facetas clave en tu vida:

Metas personales (las cosas que quieres hacer, ser y tener...)

Relaciones (amigos, familia, pareja, compañeros de trabajo...)

Salud (bienestar, condición física, imagen corporal...)

Profesión y estudios (trabajo, escuela, objetivos profesionales...)

Esparcimiento (deportes, pasatiempos, diversión, vacaciones...)

Finanzas (ingresos, ahorro, inversiones...)

Aportaciones (instituciones benéficas, servicio a la comunidad...)

¿Sabes cuáles son tus metas y aspiraciones verdaderas? ¿Ya identificaste tu propósito en la vida? ¿Qué te gusta hacer? ¿Qué te apasiona? ¿Qué deseas lograr? ¿Adónde quieres ir? ¿Qué quieres ser? ¿Cómo puedes ayudar a los demás? ¿Qué causas te interesan? ¿Cuáles son tus intenciones?

Por desgracia, la mayoría dedicamos poco tiempo a reflexionar sobre estas cuestiones. Estamos tan atareados con el ajetreo de la vida cotidiana que simplemente no hemos podido darnos un tiempo para hacerlo. Somos buenos para señalar lo que no anda bien y para quejarnos. Sabemos con claridad lo que no queremos, pero no hemos reflexionado acerca de lo que sí queremos. Para atraer lo que quieres a tu vida, primero debes dedicar un tiempo a identificar claramente tus sueños y deseos.

Para la persona que no sabe adónde quiere ir
ningún viento resulta favorable.

Séneca

Piénsalo así: cuando vas a un Starbucks y haces tu pedido, no dices: "No quiero un té", "No quiero un exprés" o "No quiero un capuchino". ¡Por supuesto que no! Pides un café moca grande bajo en grasa con crema batida extra, con toda claridad y detalle, y con la absoluta certeza de que obtendrás exactamente lo que ordenaste.

Para actuar en armonía con la Ley de la atracción debes hacer tu pedido a la vida de la misma manera. Debes aclarar tus metas y ser específico. Deja de conformarte con lo que se cruza por tu camino y asume el hecho de que puedes participar activamente en la creación de tu futuro declarando con claridad tus deseos.

El meollo del asunto es: si no sabes exactamente qué pedir, ¿cómo esperas obtenerlo? Por ello es indispensable que te tomes el tiempo para definir qué quieres atraer a tu vida, escribirlo y tenerlo perfectamente claro.

> *Para alcanzar tus metas*
> *primero debes verlas con toda claridad.*
> *Mantenlas en tu mente*
> *hasta que lo hagas de manera automática.*
>
> Les Brown

Elabora tu lista de sueños

Tu lista de sueños será un compendio de todos tus objetivos y deseos. Contendrá lo que quieres ser, hacer, tener y lograr en todas las facetas de tu vida. Más adelante establecerás prioridades y concentrarás tu atención en áreas específicas, pero en este momento es mejor tomar un enfoque amplio. Existen técnicas que puedes utilizar para identificar tus deseos y poner en claro tus metas.

La primera técnica es la creación de "cuadros T". Estos cuadros (véase el ejemplo) son muy efectivos para identificar lo que quieres en tu vida considerando brevemente lo que no quieres. Piensa en cada una de las siete facetas clave de tu vida. Aborda cada área por separado: profesión, objetivos personales o relaciones, y define el tema que más te interesa en ella. Por ejemplo, en la categoría de relaciones puedes concentrarte en un tema como "Mi pareja ideal". Empieza por escribir en una columna lo que no quieres en esa área de tu vida, y en la otra transfórmalo en una declaración positiva de lo que sí quieres.

Te sugiero crear un cuadro T para cada faceta de tu vida, escribir lo que no quieres en la columna de la izquierda y luego lo que sí quieres en la de la derecha, expresándolo de manera positiva. En las páginas siguientes encontrarás cuadros para cada área de tu vida.

Por cierto, esto confirma que al principio es válido fijarte en lo que no quieres. A veces resulta útil pensar brevemente en lo que no quieres para definir claramente lo que sí quieres atraer a tu vida.

El siguiente es un ejemplo de este tipo de cuadro.

TEMA:

Mi pareja ideal

Relaciones

Lo que no quiero	Lo que sí quiero
Alguien que se pase viendo la televisión todo el fin de semana	Una persona activa
Una persona que beba o fume	Alguien que cuide su salud
Una persona irascible o abusiva	Una persona amable y generosa

Usa los cuadros de las páginas siguientes para cada área de tu vida. Te ayudarán a poner en claro tus objetivos y deseos. Cuando los hayas terminado, tacha la lista de lo que no quieres. A partir de este momento, utiliza sólo la columna derecha y concéntrate en lo que sí quieres en tu vida. No hace falta dedicar más atención ni energía a la lista de lo que no quieres. Por cierto, el simple acto de tachar lo que no quieres es liberador, ¡y se siente muy bien!

Cuando hayas terminado, combina las listas de lo que quieres en una sola. Puedes usar las páginas que están más adelante para la lista de sueños o cualquier otro papel. Escribe tus sueños y objetivos en oraciones completas y deja espacio para añadiduras.

¡Éste es el comienzo de tu lista de sueños! Cuando llenes estas páginas estarás un paso más cerca de hacerlos realidad.

La claridad es poder.

Buckminster Fuller

Al elaborar tu lista de sueños debes considerar todos los detalles posibles. Por ejemplo, no sería conveniente que consiguieras la casa de tus sueños y descubrieras que no tienes para pagar la hipoteca porque olvidaste especificar tus metas financieras. Sé lo más concreto y minucioso que puedas. Cuando hayas terminado, puedes revisar las preguntas de la página 86 que te ayudarán a definir aún más tus sueños. Respóndelas y añade lo necesario a tu lista.

A continuación encontrarás los cuadros para cada una de las siete facetas clave de tu vida y para tu lista de sueños:

TEMA:

Objetivos personales

Lo que no quiero	Lo que sí quiero

TEMA:

Objetivos personales

Lo que no quiero	Lo que sí quiero

TEMA:

Relaciones

Lo que no quiero	Lo que sí quiero

TEMA:

Relaciones

Lo que no quiero	Lo que sí quiero

TEMA:

salud

Lo que no quiero	Lo que sí quiero

TEMA:

salud

Lo que no quiero	Lo que sí quiero

TEMA:

Profesión y estudios

Lo que no quiero	Lo que sí quiero

TEMA:

Profesión y estudio

Lo que no quiero	Lo que sí quiero

TEMA:

Esparcimiento

Lo que no quiero	Lo que sí quiero

TEMA:

Esparcimiento

Lo que no quiero	Lo que sí quiero

TEMA:

Finanzas

Lo que no quiero	Lo que sí quiero

TEMA:

Finanzas

Lo que no quiero	Lo que sí quiero

TEMA:

Aportaciones

Lo que no quiero	Lo que sí quiero

TEMA:

Aportaciones

Lo que no quiero	Lo que sí quiero

Mi lista de sueños

_____

_____

_____

_____

_____

_____

_____

_____

_____

_____

_____

_____

_____

_____

página 1

Mi lista de sueños

_____

_____

_____

_____

_____

_____

_____

_____

_____

_____

_____

_____

_____

_____

_____

_____

_____

_____

página 2

Mi lista de sueños

_____

_____

_____

_____

_____

_____

_____

_____

_____

_____

_____

_____

_____

_____

_____

_____

_____

página 3

Ahora plantéate estas preguntas:

+ ¿Cuál es mi propósito en la vida?
+ ¿Cuáles son mis sueños?
+ ¿Cuáles son mis metas?
+ ¿Por qué cosas me siento agradecido?
+ ¿Qué me hace feliz?
+ ¿Cómo me gustaría crecer en el aspecto personal?
+ ¿Cómo me gustaría crecer en el aspecto espiritual?
+ ¿Cómo sería mi relación ideal?
+ ¿Cómo sería mi vida familiar perfecta?
+ ¿Qué cosas he querido hacer siempre?
+ ¿Qué me gustaría tener más?
+ ¿Qué me gustaría *hacer* más?
+ ¿Adónde me gustaría viajar?
+ ¿Dónde me gustaría vivir?
+ ¿Cómo es la casa de mis sueños?
+ ¿Qué profesión me gustaría seguir o crear?
+ ¿Cuáles son mis objetivos financieros?
+ ¿Cómo puedo contribuir al bienestar de mi comunidad?
+ ¿En qué causas o proyectos de caridad me gustaría participar?
+ Si pudiera cambiar al mundo, ¿cómo haría de él un mejor lugar?

Las preguntas anteriores pueden ayudarte a identificar otros sueños, metas y deseos. Tómate tu tiempo, considera cuidadosamente las respuestas y añade las que desees a tu lista de sueños.

> *El fundamento del éxito es el deseo,*
> *saber lo que quieres.*
> *Desear es plantar la semilla.*
>
> Robert Collier

La lista de los 101 objetivos

No hay límites para tus sueños y objetivos. El mundo entero está a tu disposición. Ahora te presentaré otra técnica que te inspirará. Una estrategia eficaz para poner en claro algunas de tus metas y sueños de largo plazo, es elaborar una lista de 101 objetivos que te gustaría alcanzar antes de morir; 101 cosas que te gustaría hacer, ser o tener.

A los 15 años, John Goddard, el famoso aventurero, hizo una lista de 127 objetivos que deseaba lograr antes de morir. Entre ellos estaban visitar las pirámides de Egipto, aprender a bucear, ver la Gran Muralla china, escalar el monte Kilimanjaro y leer la *Enciclopedia británica* completa. Actualmente tiene setenta y tantos años y ha cumplido 109 objetivos de su lista.

Poco antes de cumplir 30 años, Lou Holtz, quien fuera entrenador del equipo de futbol americano de Notre Dame, escribió 108 objetivos que quería lograr, entre ellos, ganar un campeonato nacional, cenar en la Casa Blanca, conocer al Papa y aterrizar un avión en un portaaviones. También está en su séptima década de vida y ha realizado 102 de ellos.

Inspirado por estas historias, hace 17 años escribí una lista de 109 objetivos. He alcanzado 63 de ellos, y van desde escribir a máquina cincuenta palabras por minuto o aparecer en una película, hasta aprender esquí y *windsurfing*, escribir un *best seller*, viajar a varios lugares exóticos, comprar la casa de mis sueños y escribir una columna en el periódico.

Al escribir tu propia lista de 101 objetivos (ver cuadros en las páginas siguientes) y revisarla aproximadamente cada semana, activarás la Ley de la atracción, la cual dispondrá las situaciones que te ayudarán a lograrlos. Empezarás a notar en tu vida toda clase de sucesos aparentemente milagrosos. Algunos objetivos requerirán más tiempo que otros, pero todos pueden alcanzarse. Esta lista de objetivos para toda la vida puede inspirarte algunas adiciones a tu lista de sueños.

Eres exitoso tan pronto empiezas a avanzar hacia un objetivo meritorio.

Chuck Carlson

Por cierto, cuando tus objetivos y sueños también benefician a los demás, la vibración de tu deseo emite una frecuencia más alta. Imagina maneras de contribuir al bienestar de tu familia, amigos y comunidad. Mantente abierto a la posibilidad de encontrar una causa que te conmueva y trabaja en ella. Empieza a ofrecer tu tiempo y recursos. Como todos estamos conectados, tu compromiso hacia los demás también es un compromiso contigo.

Conforme logres los objetivos de tu lista, subráyalos o anota la fecha en que los cumpliste. Ese acto te llenará de energía y también es una manera de reconocer la importancia de la Ley de la atracción en tu vida.

Mis 101 objetivos:

1. _____
   _____
2. _____
   _____
3. _____
   _____
4. _____
   _____
5. _____
   _____
6. _____
   _____
7. _____
   _____
8. _____
   _____
9. _____
   _____
10. _____
    _____
11. _____
    _____
12. _____
    _____
13. _____
    _____

Mis 101 objetivos:

14. _____
_____
15. _____
_____
16. _____
_____
17. _____
_____
18. _____
_____
19. _____
_____
20. _____
_____
21. _____
_____
22. _____
_____
23. _____
_____
24. _____
_____
25. _____
_____
26. _____
_____

Mis 101 objetivos:

27. _____
_____
28. _____
_____
29. _____
_____
30. _____
_____
31. _____
_____
32. _____
_____
33. _____
_____
34. _____
_____
35. _____
_____
36. _____
_____
37. _____
_____
38. _____
_____
39. _____
_____

Mis 101 objetivos:

40. _____
_____
41. _____
_____
42. _____
_____
43. _____
_____
44. _____
_____
45. _____
_____
46. _____
_____
47. _____
_____
48. _____
_____
49. _____
_____
50. _____
_____
51. _____
_____
52. _____
_____

Mis 101 objetivos:

53. _____
   _____
54. _____
   _____
55. _____
   _____
56. _____
   _____
57. _____
   _____
58. _____
   _____
59. _____
   _____
60. _____
   _____
61. _____
   _____
62. _____
   _____
63. _____
   _____
64. _____
   _____
65. _____
   _____

Mis 101 objetivos:

66. _____
_____
67. _____
_____
68. _____
_____
69. _____
_____
70. _____
_____
71. _____
_____
72. _____
_____
73. _____
_____
74. _____
_____
75. _____
_____
76. _____
_____
77. _____
_____

Mis 101 objetivos:

78. _____
    _____
79. _____
    _____
80. _____
    _____
81. _____
    _____
82. _____
    _____
83. _____
    _____
84. _____
    _____
85. _____
    _____
86. _____
    _____
87. _____
    _____
88. _____
    _____
89. _____
    _____

Mis 101 objetivos:

90. _____
_____
91. _____
_____
92. _____
_____
93. _____
_____
94. _____
_____
95. _____
_____
96. _____
_____
97. _____
_____
98. _____
_____
99. _____
_____
100. _____
_____
101. _____
_____

Visualizar es el arte de mirar lo invisible.

Jonathan Swift

Para este momento ya debes tener una lista de sueños bastante completa. Has considerado tus metas específicas en cada área de tu vida, así como los objetivos para toda tu vida. Has identificado tu propósito y tus sueños, y has declarado con claridad lo que quieres crear en tu vida. Algunas de tus metas pueden ser de corto plazo, como bajar 25 libras de peso o ir de vacaciones a Italia, y otras de largo plazo, como transformar el sistema educativo, concientizar a tu comunidad sobre asuntos ambientales o hacerte millonario.

Establece prioridades en tu lista de sueños

Dedica unos minutos a establecer un orden de prioridades en tu lista. Piensa en los objetivos y sueños que más contribuyen a tu misión personal y en los más importantes para ti en este momento. Subráyalos o destácalos de alguna otra manera. *Por ahora, concéntrate sólo en esos objetivos y sueños, en los que quieres trabajar primero.* Tu energía y pensamientos concentrados facilitarán su manifestación.

Más adelante volverás al resto de tu lista —con el acto de escribirla ya has enviado un mensaje al universo— pero empieza con lo que en este momento resulta más significativo para ti. Recuerda que tus sueños y objetivos pueden cambiar y evolucionar en el transcurso de los años, y que conforme crezcas y logres más, tus objetivos crecerán también.

Plantearte sólo los objetivos
que te parecen posibles o razonables
es desconectarte de lo que quieres en realidad
y conformarte con menos.

Robert Fritz

Sueña en grande

No censures tus sueños y visiones pensando en consideraciones prácticas o probabilidades. No necesitas conocer cada uno de los peldaños que te llevarán a cumplir tus objetivos. Simplemente define lo que quieres, ten la certeza de que lo mereces y cree que puedes tenerlo; luego suéltalo y déjalo ir. Ábrete a posibilidades infinitas. Observa cómo surgen los milagros.

Ahora considera esta posibilidad: si puedes identificar con claridad los pasos que te llevarán a cumplir un objetivo, ¡tal vez tu sueño no sea suficientemente grande!

Has creado tu lista de sueños.
Has presentado tu petición al universo.
Es tu solicitud escrita para el futuro.

Todos nuestros sueños pueden volverse realidad
si tenemos el valor de perseguirlos.

Walt Disney

(9)
Vive la Ley de la atracción

El primer paso para vivir la Ley de la atracción es entender cómo actúa en nuestra vida

En los capítulos anteriores analizamos no sólo la Ley de la atracción y la manera en que actúa en nuestra vida, sino también quiénes somos, qué somos, nuestra conexión con la Fuente universal y el papel que hemos desempeñado hasta ahora en la creación de nuestras vidas. Vimos cuán poderosos son nuestros pensamientos y emociones. Abordamos la importancia de liberarnos de lo negativo y de mantener un estado emocional positivo para convertirnos en la correspondencia vibratoria de nuestros sueños y deseos. Reconocimos la prodigiosa agilidad del inconsciente y la importancia de utilizar su potencial ilimitado para atraer y crear la vida que en el pasado sólo soñábamos. También definimos nuestros propósitos, sueños y objetivos, y pusimos en claro lo que deseamos atraer a nuestra vida.

Ahora que sabes un poco más sobre cómo participas en el proceso de la Ley de la atracción, puedes empezar a asumir la responsabilidad de todo lo que actualmente estás atrayendo a tu vida. Ahora eres consciente del papel que desempeñas en la creación de tu vida; *¡ya no puedes seguir creando tu futuro de manera accidental o por inacción!* Tómatelo en serio, pues empezarás a participar consciente, intencional y deliberadamente en la creación del futuro que deseas.

En este momento ya tienes una idea bastante clara de quién eres, de quién quieres ser y de adónde quieres dirigirte. Tienes una imagen clara de lo que deseas hacer, ser y tener. Tienes un objetivo, un destino en mente, y en este objetivo debes concentrarte. Es como programar un sistema de posicionamiento global (GPS, por sus siglas en inglés) rumbo a tu destino elegido. Ahora que sabes adónde quieres ir, el universo te guiará ahí mediante la Ley de la atracción.

Crea tu futuro
a partir de tu futuro,
no de tu pasado.

Werner Erhard

Herramientas para vivir la Ley de la atracción

En los capítulos siguientes analizaremos varios métodos y herramientas que te ayudarán a generar y mantener un estado constante de alegría y energía positiva. Abordaremos varias técnicas para estimular y fortalecer la conexión con tu inconsciente e inspirar pensamientos y sentimientos positivos. En esta sección hablaremos de la oración y la meditación, las afirmaciones, la visualización, la actitud, la gratitud, la acción y la fe. Aprenderás a convertirte en la correspondencia vibratoria de lo que quieres atraer a tu vida.

Estas herramientas y técnicas te ayudarán a realizar los cambios necesarios y a utilizar el poder del inconsciente y del universo.

Es momento de interiorizar tus nuevas emociones, pautas de pensamiento y creencias positivas. Es momento de *ver* el futuro que deseas, *sentir* las emociones que suscita y *creer* que es posible lograrlo.

Es momento de empezar a vivir la Ley de la atracción.
Es momento de empezar a vivir la vida de tus sueños.

Para lograr grandes cosas
no basta con actuar, también hay que soñar;
no basta con planificar, también hay que creer.
Anatole France

(10)
AFIRMACIONES

Las afirmaciones son una de las estrategias más efectivas para crear la correspondencia vibratoria de lo que deseas atraer a tu vida

Cada uno de tus pensamientos y cada una de tus palabras es una afirmación. Tus pensamientos y palabras son declaraciones de quién consideras ser y de cómo percibes al mundo. Cada vez que tienes un pensamiento negativo o comentas algo negativo sobre ti, estás afirmándolo como tu verdad personal. Por fortuna, ocurre lo mismo con los pensamientos y comentarios positivos.

Las afirmaciones positivas son una poderosa herramienta de transformación personal y un elemento clave en la creación de la vida que deseas. Consisten en remplazar de manera consciente las ideas limitantes, las creencias negativas y el diálogo interno interiorizado por años, con declaraciones positivas que afirman quiénes queremos ser y qué experiencias de vida deseamos.

El objetivo es elaborar declaraciones positivas que reafirmen tu poder personal, te suban el ánimo y te inspiren: que eleven tu estado emocional cotidiano. Estudiaremos dos tipos de afirmaciones: las *afirmaciones positivas* y las *afirmaciones dirigidas a objetivos*.

Primero piensa lo que serás
y después haz lo que tengas que hacer.

Epicteto

Afirmaciones positivas

Las *afirmaciones positivas* simplemente expresan tus creencias positivas sobre ti y sobre la vida.

Ejemplos de afirmaciones positivas:

Mi vida es abundante en todas las áreas.

Tengo éxito en todo lo que emprendo.

Mi vida está llena de amor y belleza.

Me siento agradecido por las experiencias de mi vida.

Cuento con la guía y la protección divinas.

Estoy atrayendo felicidad a mi vida.

¡Me emociona estar vivo!

Creo que cualquier cosa es posible.

Soy amado.

Puedo hacer lo que quiera.

Puedo realizar una contribución significativa al mundo.

Estas sencillas declaraciones sobre quién quieres ser y cómo quieres sentirte son extremadamente poderosas y ayudan a remplazar las creencias negativas y limitantes que tal vez adoptaste en el pasado. Estas afirmaciones positivas reprograman los viejos pensamientos negativos del inconsciente y los convierten en imágenes y sentimientos positivos.

Conviene que escribas tus propias afirmaciones positivas y las utilices diariamente. Hemos diseñado un espacio para que las anotes en las páginas siguientes. Las afirmaciones funcionan mejor cuando se leen y se repiten varias veces al día. Sé constante: normalmente toma unos 30 días reprogramar nuestras pautas de pensamiento. Di tus afirmaciones positivas en voz alta y con sentimiento, y experimenta las emociones que despiertan en ti.

La repetición constante acarrea convicción.

Robert Collier

Para obtener mejores resultados, repítelas frente al espejo y mirándote a los ojos. Declara cuán maravilloso eres y cuán maravillosa es tu vida. Siéntelo, créelo y recíbelo en todo tu ser. Estás recreando tu imagen, construyendo actitudes positivas e interiorizando un conjunto de creencias más positivo.

Afirmaciones dirigidas a objetivos

Las afirmaciones dirigidas a objetivos expresan tus sueños, deseos y metas como si ya se hubieran realizado.

Estas declaraciones describen un objetivo logrado, por ejemplo: "Estoy celebrando que me siento ligero y vivo en mi peso ideal de 61 kg". Estas afirmaciones te ayudarán a crear la experiencia emocional de ya haber atraído lo que deseas. Los sentimientos de alegría, júbilo, emoción, confianza, alivio, paz interior, etcétera, son la correspondencia vibratoria de la manifestación física que quieres atraer.

> **Con cada uno de nuestros pensamientos**
> **vamos creando nuestro futuro.**
>
> Louise L. Hay

Estas afirmaciones generan expectativas positivas de que lograrás esos objetivos, e incrementan tu deseo y motivación.

Además, las afirmaciones hacen algo realmente sorprendente. Empiezan a *reprogramar,* literalmente, el sistema de activación reticular del cerebro, lo que abrirá tu percepción a las personas, el dinero, los recursos y las ideas que te ayudarán a lograr tus objetivos. Estos recursos siempre estuvieron ahí, pero tu cerebro los filtraba. Mediante el uso constante de tus afirmaciones reprogramarás el filtro y ampliarás tu percepción y conciencia.

Directrices para crear tus afirmaciones dirigidas a objetivos

Las afirmaciones son positivas.
Evita la palabra "no" en tus afirmaciones.
Las afirmaciones se formulan en tiempo presente.
  (*Cree que ya es una realidad.*)
Las afirmaciones son muy breves.
Las afirmaciones son específicas
Empieza tus afirmaciones con "Me siento..." o "Nos sentimos..."
Las afirmaciones utilizan palabras que describen acciones. (*Siente las emociones cuando digas la afirmación.*)
Las afirmaciones son personales. (*Haz afirmaciones relacionadas con tu comportamiento, no con el de los demás.*)

Algunos ejemplos de afirmaciones dirigidas a objetivos

✝ Me siento emocionado y vivo esquiando por la pared de esta montaña en este maravilloso día de invierno.

✝ Me siento orgulloso mirando la casa que ayudé a construir para *Habitat for Humanity*.

✝ Me siento emocionado viendo cómo llegan por internet montones de pedidos de mis nuevos productos.

✝ Me siento muy orgulloso de graduarme con honores y en el primer lugar de mi generación.

✝ Veo a mi alrededor los rostros de los niños a quienes estoy ayudando, y me alegra saber que contribuyo a su bienestar.

✝ Recibo con gratitud otro resultado perfecto de mi examen médico.

✝ Me siento relajado y agradecido por estar en esta playa de Hawai, con los pies enterrados en la arena y sintiendo la calidez del sol en la cara.

✝ Estoy encantado de abrir el buzón y encontrar otro cheque.

✝ Me siento feliz mirando a mi familia reír y retozar en la nieve.

+ Me siento feliz conduciendo mi nuevo auto por la carretera de la costa del Pacífico.

+ Comunico eficazmente mis necesidades y deseos a mi familia.

+ Me siento feliz y satisfecho cuando miro a mi pareja amorosamente a los ojos.

+ Me siento feliz de abrir la puerta de la casa de mis sueños.

Lo que determina tu nivel de éxito y felicidad no es lo que tienes o no a tu disposición, sino lo que te has convencido de que es verdad.

Wayne Dyer

Dedica ahora unos minutos a crear tus afirmaciones positivas y tus afirmaciones dirigidas a objetivos. Inventa afirmaciones enérgicas y personales que refuercen tus creencias positivas y remplacen tu diálogo interno negativo. Escríbelas en los cuadros de las páginas siguientes. También puedes consultar tu lista de sueños y considerar esos deseos y metas al escribir tus afirmaciones dirigidas a objetivos.

MIS AFIRMACIONES POSITIVAS

_____

_____

_____

_____

_____

_____

_____

_____

_____

_____

_____

_____

_____

MIS AFIRMACIONES

DIRIGIDAS A OBJETIVOS

_____

_____

_____

_____

_____

_____

_____

_____

_____

_____

_____

_____

_____

Cómo usar tus afirmaciones

1. Repite tus afirmaciones por lo menos tres veces al día. Los mejores momentos son al despertar, al mediodía y a la hora de acostarte.

2. Trabaja concienzudamente con unas pocas afirmaciones. Esto es mucho más eficaz que trabajar con menos frecuencia un mayor número de ellas.

3. Si es posible, di tus afirmaciones en voz alta; si no, léelas en silencio.

4. Cierra los ojos y visualízate tal como describe la afirmación. *Mira la escena* como si estuviera ocurriendo a tu alrededor, tal como la verías en la realidad.

5. Escucha los sonidos y observa las imágenes que tendrían lugar en el momento de conseguir lo que describe tu afirmación. Incluye a las personas que estarían ahí y escucha sus palabras de aliento y felicitación.

6. Siente las emociones que experimentarías al lograr ese objetivo. Mientras más fuertes sean tus emociones, más poderoso será el impacto.

Sigue el procedimiento completo con cada afirmación. También puedes escribirlas 10 o 20 veces todos los días; es otra magnífica forma de interiorizarlas y grabarlas en el inconsciente.

Somos lo que hacemos reiteradamente.
La excelencia, por tanto,
no es un acto sino un hábito.

Aristóteles

Al repetir y visualizar de esta manera tus afirmaciones, potenciarás su efecto y el significado que guardan para ti. La Ley de la atracción responderá a la energía de los pensamientos, imágenes y sentimientos generados por cada afirmación, y tu inconsciente responderá estableciendo las creencias nuevas y considerándolas una realidad. Recuerda que el inconsciente no puede distinguir entre algo real y algo imaginado vívidamente.

Si en tu mente siguen surgiendo respuestas negativas o limitantes como la duda y el escepticismo, prueba alguna de las técnicas recomendadas en el capítulo tres. También puedes elaborar nuevas afirmaciones que digan lo opuesto a los pensamientos negativos en incluirlas en tu rutina diaria.

Comprométete a trabajar con tus afirmaciones todos los días. Conviértelo en un ritual, en algo que anheles hacer. Ésta es la manera de reprogramarnos, mediante repetición, asociación y emoción. El nivel de intensidad emocional que sientas al usar tus afirmaciones determinará la intensidad de la atracción que generen.

Con cada afirmación reprogramas, literalmente, tus creencias sobre ti y sobre el mundo en que vives.

Aquello que ocupa tu mente es en lo que,
en última instancia, te conviertes.
Nathaniel Hawthorne

(11)
VISUALIZACIÓN

La habilidad de visualizar tus sueños obrará como un catalizador para hacerlos realidad

Los ejercicios y técnicas de visualización son extremadamente poderosos. Algunos psicólogos consideran que una hora de visualización equivale a siete horas de actividad física. Recuerda: el inconsciente no puede distinguir entre una experiencia real y otra imaginada vívidamente. No puede diferenciar si estás recordando, imaginando o experimentando un suceso: responde de la misma manera en los tres casos. Las diversas técnicas de visualización te permitirán experimentar plenamente cualquier situación como si fuera real. Puedes crear respuestas emocionales y fisiológicas a la situación que estás visualizando. Tu inconsciente interiorizará esta información y la almacenará como si fuera realidad, y el universo responderá a esta energía vibratoria con la manifestación correspondiente.

Visualizar es: ensoñación con un propósito.

Bo Bennett

El siguiente ejercicio de visualización, en dos partes, consiste en pintar una vívida imagen en la mente y muestra cómo los pensamientos y las emociones influyen en el cuerpo. Al leer la parte uno advierte cómo te sientes emocional y físicamente, y nota cómo esos sentimientos y sensaciones cambian en la parte dos.

Visualización del rascacielos

Parte uno

Respira profundo y relájate. Imagina que estás parado en medio de una pequeña terraza en el último piso del rascacielos más alto del mundo. Imagina también que esta terraza no tiene enrejado: no hay nada que se interponga entre tú y la caída en picada. Mira hacia abajo para ver de qué material está hecho el piso de la terraza. ¿Estás parado en baldosa, concreto, asfalto, madera o piedra? Nota que el clima es agradable. El sol brilla, hay una brisa suave y fresca, y sientes la calidez del sol en tu cara y tus brazos. ¿Qué sonidos escuchas? Tal vez hay palomas u otras aves ahí arriba. Probablemente puedes oír un helicóptero o los ruidos de la calle que llegan desde muy abajo. Camina ahora a la orilla de la terraza y coloca las puntas de los pies justo en el borde. Mira la calle que está muy, muy abajo. Mira qué pequeño parece todo desde ahí arriba. Nota cómo te sientes mientras ocurre todo esto. Ahora, vuelve lentamente al centro de la terraza, recordando cómo te sentías mientras estabas parado en la orilla mirando hacia abajo.

Muchas personas perciben algún tipo de reacción emocional y física al realizar esta visualización. Tal vez sentiste que tu corazón se aceleraba, que te sudaban las manos, mareos o náusea, o una sensación de tensión o miedo.

Parte dos

Inhala profundo y relájate. Imagina una vez más que estás parado en la misma terraza, en el último piso del mismo rascacielos, sólo que ahora tienes unas hermosas alas de plumas blancas y confías plenamente en tu capacidad de volar. Sabes que estás perfectamente a salvo. Camina a la orilla de la terraza y cuando llegues ahí, flexiona levemente las rodillas, impúlsate y remonta el vuelo. Percibe la sensación de volar: siente el viento que sopla bajo tus alas mientras planeas y te deslizas sin esfuerzo por el cielo. Siente la alegría y la libertad. Después de un rato, vuela a cualquier lugar del planeta donde te gustaría estar ahora. Puede ser un lugar donde te guste ir de vacaciones, un sitio al que te gusta ir cuando quieres estar solo o un lugar especial al que te gustaría ir para estar con alguien a quien amas. Cuando llegues ahí, aterriza suavemente y diviértete unos momentos, haciendo lo que te gustaría hacer ahí. Nota cómo te sientes ahora, física y emocionalmente.

Compara las reacciones físicas y emocionales que tuviste en cada parte de la visualización. Nota la ligereza, la alegría y la sensación de expansión que sentiste en la parte dos.

Ahora piensa en lo siguiente: no has ido a ninguna parte, no has salido de la habitación donde te encuentras, sólo dedicaste unos minutos a *imaginar* estas dos experiencias, y experimentaste reacciones emocionales y fisiológicas muy diferentes. Las vívidas imágenes que creaste en tu mente fueron totalmente reales para tu inconsciente, el cual respondió en los niveles emocional y fisiológico como si estuvieran ocurriendo en la realidad.

Tú eres el responsable de las imágenes que creas en tu mente. Si dedicas tu tiempo y energía a imaginar lo peor que podría pasar en tu vida, responderás física y emocionalmente a esas imágenes y atraerás energía y circunstancias negativas a tu vida. Debes visualizar imágenes inspiradoras, que te levanten el ánimo, para crear la correspondencia vibratoria de lo que deseas traer a tu vida.

Éste es el poder de la visualización.

Formula y graba en tu mente una imagen mental indeleble de ti teniendo éxito. Mantén esa imagen tenazmente. No permitas que se borre. Tu mente se encargará de hacerla realidad.

Dr. Norman Vincent Peale

Visualización para perfilar tu día

Siéntate derecho y cómodamente, cierra los ojos y junta las manos, con las puntas de los dedos tocándose sobre el regazo; mantén la columna recta. Ahora respira lenta y profundamente, inhalando por la nariz y exhalando por la boca. Concéntrate en cómo el estómago y el pecho se elevan y descienden con cada respiración, y con cada respiración relájate más y más. Ahora permite que tu respiración encuentre su ritmo natural, lento, regular y relajado. Imagina una luz blanca y radiante subiendo por el lado izquierdo de tu cuerpo: empieza por tu pie izquierdo y sube lentamente por tu pierna, costado, hombro, cuello y cara hasta la coronilla. Ahora siente como baja por el lado derecho de tu cara, cuello, hombro, costado, cadera y pierna, llenando cada célula de tu cuerpo con luz blanca y radiante. Realiza este procedimiento dos veces más a tu ritmo, visualizando y sintiendo cómo la luz blanca y pura sube por el lado izquierdo y baja por el derecho de tu cuerpo.

Sin separar los dedos de las manos, inicia un momento de concentración. Puedes concentrarte en un símbolo o en una imagen, como una flor, una fuente de luz blanca o un lago tranquilo, o puedes repetir en silencio una palabra, pensamiento generador o mantra como "paz", "alegría" o "soy amor". Repite en silencio la imagen o pensamiento una y otra vez sin permitir que otros pensamientos entren en tu mente. Si tu mente empieza a divagar, vuelve poco a poco al punto de concentración, con la tranquilidad de que tu capacidad de concentración aumentará con la práctica.

La siguiente es la etapa de receptividad y observación. Separa las manos y colócalas sobre tu regazo con las palmas hacia arriba. Relaja tu mente y simplemente observa adónde se dirige tu tensión: pensamientos, recuerdos, planificación, imágenes, preocupaciones, sensaciones o discernimientos. Sólo percibe y observa desde una posición neutral.

Y ahora, la conclusión. Cierra ambas manos suavemente e imagina de nuevo una luz blanca y luminosa que te rodea, llena y protege. Mientras estás rodeado por esta luz blanca, visualiza la manera en que te gustaría que se desarrollara este día. Perfílalo como lo deseas, aunque después debas ajustarte a circunstancias y sucesos imprevistos. Presta especial atención a cómo quieres ser, actuar y sentirte hoy. Visualízate manifestando las cualidades que has elegido para ti, como amor, alegría, valor, fortaleza, paciencia y perseverancia. Mírate interactuando con los demás con calma, seguridad, entusiasmo y claridad. Mírate comunicándote claramente, expresando tus deseos e intenciones, pidiendo y obteniendo lo necesario para satisfacer tus necesidades.

Ahora, mira los pasos específicos que darás para lograr tus objetivos más importantes y perfilar tu día tal como lo quieres. Ve los rostros y escucha las voces de personas importantes para ti felicitándote por el logro de tus objetivos y por la calidad de tu ser. Y ahora, imagina las emociones que sentirás al vivir tu día como quieres y genera esos sentimientos en tu cuerpo en este instante.

Respira hondo varias veces y dirige de nuevo tu atención a la elevación y descenso de tu estómago y tu pecho al respirar profundamente. Por último, cuando estés listo, abre los ojos despacio, con la confianza de que será un día maravilloso.

Apunta no a lo que eres
sino a lo que podrías ser.

Lucas Hellmer

El libro de visualización

El libro de visualización es probablemente tu herramienta más valiosa. Es tu mapa del futuro, una representación tangible del lugar al que te diriges. Representa tus sueños, tus metas y tu vida ideal. La mente responde intensamente al estímulo visual, y al representar tus deseos con imágenes, fortalecerás y elevarás su nivel vibratorio. El refrán "una imagen dice más que mil palabras" se aplica perfectamente aquí. Las imágenes estimularán tus emociones, y tus emociones son la energía vibratoria que activa la Ley de la atracción.

Has definido tus sueños.
Es momento de ilustrarlos visualmente.

Este mundo no es sino el lienzo
de nuestra imaginación.

Henry David Thoreau

Elabora un libro de visualización que represente claramente el futuro que deseas crear. Busca imágenes que representen o simbolicen las experiencias, sentimientos y posesiones que deseas atraer a tu vida y colócalas en tu libro. ¡Diviértete en el proceso! Utiliza fotografías, recortes de revistas, imágenes de internet, cualquier cosa que te inspire. Sé creativo. Incluye todo lo que te conmueva, no sólo imágenes. Considera la posibilidad de incluir una fotografía tuya. Si lo haces, elige una que te hayan tomado en un momento de felicidad. También puedes colocar en él afirmaciones, frases inspiradoras, citas y pensamientos. Elige palabras e imágenes que te inspiren y hagan sentir bien.

Éste es un libro distinto de todos los demás.
Tú eres el autor, tú eres el artista.
Es tu mapa.

Puedes utilizar tu libro de visualización para representar los objetivos y sueños de todas las facetas de tu vida o de una en particular. Ten en mente tu propósito en la vida y consulta tu lista de sueños. Cuídalo bien y considera escrupulosamente lo que colocas en él. No hagas un libro atestado o caótico, pues atraerá caos a tu vida. Recuerda: se trata de tus sueños, así que elige con cuidado. Sólo usa las palabras e imágenes que representen mejor tu propósito, tu futuro ideal, y que te inspiren emociones positivas. Hay belleza en la simplicidad y la claridad. Un exceso de imágenes o de información dificultará la concentración.

Si estás trabajando en visualizar y crear cambios en varias áreas de tu vida, conviene que uses más de un libro de visualización. Por ejemplo, puedes usar uno para tus objetivos y sueños personales, y otro para tus metas profesionales y financieras. Guarda el de tus objetivos profesionales en tu oficina o escritorio, lo que te inspirará y ayudará a reafirmar tu intención.

Cómo utilizar tu libro de visualización

Procura tener tu libro de visualización en la mesa de noche a un lado de tu cama. Déjalo abierto por tanto tiempo como te resulte cómodo y dedica un momento por la mañana y otro por la noche a visualizar, afirmar, creer e interiorizar tus objetivos. El tiempo que le dediques justo antes de dormir es especialmente poderoso. Los pensamientos e imágenes en tu mente durante los últimos 45 minutos de vigilia son los que se reproducirán una y otra vez en el inconsciente durante toda la noche; y los pensamientos e imágenes con los que comiences cada día, te ayudarán a crear la correspondencia vibratoria del futuro que deseas.

Conforme pase el tiempo y tus sueños empiecen a manifestarse, observa las imágenes que representan tus logros y siente gratitud por la eficacia con que la Ley de la atracción está actuando en tu vida. Reconoce que está funcionando. No retires las imágenes que representan las metas que has alcanzado. Son un poderoso recordatorio visual de lo que ya has atraído de manera consciente e intencional a tu vida.

Escribe la fecha en que creaste tu libro de visualización. Al universo le gusta la velocidad y te sorprenderá la rapidez con que la Ley de la atracción responde a tu energía, compromiso y deseos. Al igual que una cápsula de tiempo, este libro documentará tu viaje personal, sueños y logros de ese año en particular; será un registro de tu crecimiento, conciencia y expansión que podrás conservar y revisar en el futuro.

La mayor aventura que puedes emprender
es vivir la vida de tus sueños.
Oprah Winfrey

Te sugiero elaborar un libro de visualización cada año. Conforme crezcas, evoluciones y te expandas, tus sueños y aspiraciones crecerán, evolucionarán y se expandirán contigo. Esto te mantendrá concentrado, motivado e inspirado. Puedes establecer una nueva tradición en tu familia. Si tienes hijos o hermanos menores, ayúdalos a crear su libro y alienta sus sueños. Te sorprenderá lo revelador, energizante, inspirador y divertido que puede resultar este proceso.

Estos libros de visualización deben guardarse y atesorarse. No sólo son un registro de tus sueños sino también de tu crecimiento y logros. No hay nada más precioso que tus sueños y este libro representa su rostro. Esas palabras e imágenes hermosas representan tu futuro. Crean la correspondencia vibratoria de lo que quieres atraer y crear en tu vida.

Cómo usar tu libro de visualización

✝ Observa tu libro de visualización con frecuencia y siente la inspiración que proporciona.

✝ Sostenlo en tus manos e interioriza verdaderamente el futuro que representa.

✝ Lee tus afirmaciones y frases inspiradoras en voz alta.

✝ Mírate viviendo de esa manera.

✝ Siéntete en el futuro que has diseñado.

✝ Cree que ya es tuyo.

✝ Agradece lo bueno que hay actualmente en tu vida.

✝ Reconoce cualquier objetivo que hayas alcanzado.

+ Reconoce los cambios que has visto y sentido.
+ Reconoce la presencia de Dios en tu vida.
+ Reconoce la obra de la Ley de la atracción en tu vida.
+ Mira tu libro justo antes de dormir y al despertar.

Visualiza tu futuro.
Imagina las posibilidades.
Ten la certeza de que son reales.

*Un sueño es la visión creativa de tu vida en el futuro.
Debes salir de tu zona de comodidad actual
y aprender a sentirte cómodo en lo desconocido.*

Denis Waitley

(12)
ACTITUD

**Tu actitud puede provocar o cambiar
casi cualquier situación**

Es la energía que llevas contigo a dondequiera que vayas. Tu actitud ante los acontecimientos de tu vida puede ser positiva o quejumbrosa y negativa. *Tú decides*; puedes tomar la decisión de responder de manera positiva a casi cualquier suceso o circunstancia. Una actitud positiva es sencillamente algo que eliges.

Tú puedes cambiar tu actitud y cambiar tu vida.

*Las experiencias que vivimos no son tan importantes
como nuestra actitud hacia ellas
pues ésta es la que determina
nuestro éxito o fracaso.*

Dr. Norman Vincent Peale

Todos conocemos personas que mantienen una actitud negativa. Son las que continuamente se quejan, gimen y lloriquean. Nunca les va bien. Son las víctimas perpetuas de la vida. Su compañía es desagradable y nos desaniman. Esto se debe a que operan en una frecuencia menor, y en virtud de la Ley de la atracción, atraen más motivos de queja. La razón por la que están atascados en un estilo de vida negativo es que dirigen continuamente sus pensamientos y energía a su presente y su pasado negativos. Al hacerlo crean el mismo futuro una y otra vez. Recuerda: si hablas constantemente de algo, eso ocurrirá.

Asimismo, conocemos personas con una actitud positiva; son las que siempre están felices, las que parecen tener el control de todo lo que ocurre en su vida. Son más divertidas, es un gozo sentir su energía y operan en una frecuencia más alta. Las cosas buenas parecen caerles del cielo. ¡No es extraño que sean felices! Por la Ley de la atracción participan activamente en la creación de una vida feliz al concentrarse en los aspectos positivos de su vida actual, y tienen expectativas positivas de una maravillosa vida futura.

Las personas son felices
en la medida en que deciden serlo.

Abraham Lincoln

Rodéate tanto como puedas de estas personas positivas que te levantan el ánimo y nutren tu espíritu. Convive con individuos de espíritu evolucionado que te amen y apoyen de manera saludable: son los que alientan tu crecimiento y celebran tus éxitos. Envuélvete en una red de apoyo de personas inspiradoras con energía y actitud positivas.

Considera también buscar un lugar de culto, organización de beneficencia o algún otro grupo que esté en consonancia con tu trabajo de crecimiento personal. También puedes formar un pequeño grupo de personas con intereses y metas comunes. Las colectividades son poderosas, y grupos como éstos siempre elevan el ánimo. Al reunirse regularmente con un propósito definido, lograrán mejores resultados en menos tiempo. Un grupo de esta naturaleza ofrece un foro extraordinario donde se dan cita propuestas, retroalimentación, lluvias de ideas, franqueza, responsabilidad e inspiración. Es una herramienta probada para el crecimiento y el éxito en los negocios; Henry Ford, Thomas Edison, Napoleon Hill, Harvey Firestone y Andrew Carnegie fueron miembros de esta clase de grupos.

> **Jamás fui a trabajar;**
> **para mí todo fue diversión.**
>
> Thomas Edison

Ahora bien, *¿qué hacemos frente a las personas negativas?* En primer lugar, recuerda que no eres responsable de su nivel de crecimiento o conciencia. Lo único que puedes hacer, es ser un ejemplo para ellas y mantener tu vibración energética lo más elevada posible. No puedes enseñarles nada que no estén preparados para a aprender. Por otra parte, nadie es completamente negativo; puedes concentrarte en las cualidades que funcionan en el contexto de tu relación. También puedes reconocer lo que te gusta o admiras de esas personas para alentarlas a expresar más sus cualidades positivas.

No juzgues a las personas negativas que hay en tu vida; sólo limita tu tiempo e interacción con ellas en la medida de lo posible (si puedes, evítalas por completo) y sé ejemplo de una persona con actitud positiva. Obviamente, si estas personas son tus familiares o compañeros de trabajo, resultará difícil evitarlas por completo, pero puedes eludir cualquier motivo de conflicto, mantener tu actitud positiva y no engancharte emocionalmente con los problemas que puedan surgir. En última instancia, deberás decidir si deseas conservar esas relaciones en tu vida.

Tu actitud es crucial porque influye en tus emociones, las cuales definen el campo de energía que te rodea y solicitan al universo más de lo mismo. Analiza cuidadosa y honestamente tu actitud en las diversas facetas de tu vida. ¿Puedes mejorarla?

El arte de ser feliz reside en la capacidad
de disfrutar las cosas comunes.

Henry Ward Beecher

Intenta cambiar tu actitud y gozar las cosas simples de la vida. Si todos tenemos actividades cotidianas y tareas banales que realizar, ¿por qué no convertirlas en oportunidades de crecimiento? Modifica tu actitud respecto de sacar la basura y pagar las cuentas. Se trata de rutinas necesarias que nunca desaparecerán, ¡así que intenta disfrutarlas! Pon algo de música mientras limpias la cocina y juntas la basura. Aprende a bendecir cada cuenta que pagues y hazlo con amor. Agradece cuán afortunado eres y todas las comodidades que gozas. Puedes modificar por completo tu energía, divertirte un poco y ver esas tareas como oportunidades para hacer algo provechoso por ti y tus seres queridos, en vez de verlas como quehaceres fastidiosos. Cuando aprendas a abordar cada actividad y situación con una actitud de alegría y entusiasmo, notarás de inmediato un cambio en tu vida. La vida es, *literalmente,* lo que haces de ella.

Recuerda: esta vida es un viaje que debemos disfrutar. Mantén conscientemente una actitud positiva. Sé feliz. Sé agradecido. Sé amoroso y generoso. Rodéate de energía y personas positivas. Empieza cada día con la emoción y el asombro de un niño. ¡Quién sabe qué maravillas están a punto de ocurrir! Ten fe y *diviértete.* Tu futuro se desarrollará de manera milagrosa.

Casi todos buscan la felicidad, la persiguen;
intentan encontrarla en alguien o algo
fuera de sí mismos. Eso es un error fundamental.
La felicidad es algo que eres
y es resultado de tu manera de pensar.

Wayne Dyer

Gratitud y reconocimiento

La mejor actitud a la que puede aspirarse es la de *gratitud y reconocimiento*. Siente un agradecimiento sincero por lo que ya tienes y atraerás automáticamente, sin esfuerzo, más bienestar a tu vida. Valora y reconoce conscientemente todas las bendiciones que has recibido. Estas emociones generan la frecuencia vibratoria más alta, y mediante la Ley de la atracción, atraerán más por lo cual sentirte agradecido.

La felicidad es en sí misma una forma de gratitud.

Joseph Wood Krutch

Intenta agradecer incluso las situaciones más difíciles que se presenten en tu vida; a menudo son las que generan mayor crecimiento espiritual y emocional. Puedes aprender a ver cualquier supuesto obstáculo como una ocasión para adquirir una nueva cualidad, habilidad o conocimiento, y agradecer la lección. Cada desafío es una nueva oportunidad de crecimiento y expansión.

Ponte a la altura de las circunstancias y valora todo lo que estás aprendiendo en el proceso. Al mantener una actitud positiva y de aprecio, no sólo evitarás atraer más situaciones difíciles a tu vida, sino que generarás un campo de energía positivo que atraerá más de lo que sí quieres.

De todas las actitudes que podemos adoptar,
la de agradecimiento es sin duda la más importante
y la que más cambios puede generar en nuestra vida.

Zig Ziglar

Un símbolo de gratitud

Lleva todos los días en tu bolsillo una piedra, cristal o cualquier otro objeto significativo. Cada vez que lo encuentres al buscar dinero o tus llaves, haz una pausa y piensa en algo por lo que te sientas agradecido. Ésta es una buena manera de tomar conciencia de todo lo que debes valorar. Dedica un momento a respirar y a sentir intensamente la emoción de la gratitud. Esta sencilla técnica te ayudará a elevar tu frecuencia vibratoria y a mantenerte en un estado constante de gratitud.

La felicidad es una actitud;
es la presencia del amor hacia uno y hacia los demás.
Proviene de un sentimiento de paz interior,
de la capacidad de dar y recibir,
y de la valoración de uno y de los otros.
Es un estado de gratitud y compasión,
un sentimiento de conexión con tu yo superior.

Anónimo

El diario de gratitud

Empieza a llevar un diario de gratitud y reconocimiento. Es una herramienta valiosa y necesaria para tu crecimiento y para el desarrollo de tu conciencia. Las anotaciones diarias no necesitan ser extensas; basta una lista de cinco cosas por las que te sientes agradecido ese día. Es un lugar para reconocer y valorar diariamente todo lo bueno que hay en tu vida.

Gratitud. Cada noche, antes de acostarte, dedica unos momentos a revisar tu día. Piensa en las cosas que sucedieron. Toma conciencia de todo lo bueno que ocurrió y valora incluso los desafíos que enfrentaste. Elige las cinco cosas, personas o sucesos por los que te sientes más agradecido. No hay respuestas correctas o incorrectas; sólo escribe aquello por lo que te sientas sinceramente agradecido ese día. Puede ser el calor del sol en tu cara, una brisa fresca, una palabra amable, un amigo o simplemente sentirte bien por lo que lograste ese día. También puede ser la manera en que manejaste una situación que en otro tiempo te hubiera perturbado intensamente. *Cualquier cosa* por la que te sientas agradecido. Mientras las escribes en tu diario, *siente* la gratitud y valora la experiencia. Da las gracias.

Reconocimiento. Dedica un momento a reconocer los cambios que has experimentado. Escríbelos. Reconoce la eficacia con que actúa en tu vida la Ley de la atracción. Escribe cualquier acontecimiento en que hayas notado la presencia de la Ley de la atracción: el lugar de estacionamiento que visualizaste, la junta que deseabas programar, el cheque adicional que recibiste, la calificación que querías, la persona que dijo sí cuando le pediste algo. Los milagros pueden ocurrir y ocurren todos los días. Suceden en todo tu alrededor. Reconoce su presencia y valóralos. Mediante el reconocimiento, adquirirás mayor conciencia de la sorprendente sincronicidad que obra en tu vida.

Procura que el tiempo para reflexionar y escribir en tu diario de gratitud y reconocimiento, sea un momento sagrado de tu rutina cotidiana. La expresión continua de alegría y gratitud atraerá más felicidad, amor y abundancia a tu vida.

Empezarás a notar un cambio en tu percepción de los acontecimientos cotidianos. Adquirirás mayor conciencia de las cosas positivas que ocurren a tu alrededor todos los días. Tu atención tendrá una nueva dirección, tu energía se modificará y empezarás a reconocer cuán afortunado eres en realidad. Y... la Ley de la atracción responderá a la elevada vibración que estás generando.

Disfruta el viaje.
Vive cada día con alegría y gratitud.
Reconoce la presencia de Dios en tu vida.

*Hay cierta paz en la vida llevada con gratitud,
cierta alegría serena.*

Ralph H. Blum

(13)
ORACIÓN Y MEDITACIÓN

**La oración y la meditación son nuestro enlace
con Dios, con nuestro poder superior**

Apártate un momento todos los días del desorden y del ruido.
Un compromiso diario de visitar ese lugar apacible y silencioso, es un compromiso con la claridad y la paz internas. Necesitamos ese momento y espacio para recordar quiénes somos
en realidad, qué cosas son importantes y dónde reside nuestra
verdad personal. Es la oportunidad de tranquilizar el espíritu
y aliviar el alma, de restablecer el equilibrio y reconectarnos
con nuestra fuente.

Mediante la oración, la meditación y la contemplación, podemos escuchar mejor nuestra voz interior. Es un momento
para hacer una pausa y conectarnos no sólo con Dios, sino con
nosotros y con nuestro inconsciente creativo. Este tiempo nos
nutre física, emocional y espiritualmente en los niveles más
profundos.

Algunas personas dicen que al orar hablamos con Dios y al
meditar lo escuchamos. Mediante la contemplación podemos
ver en nuestro interior y reconectarnos con la verdad y sabiduría más profundas. Cada una de estas prácticas nos permite
abrir corazón y mente, así como prepararnos para la guía e
inspiración divinas.

> *El valor de la oración continua*
> *no está en que Él nos escuchará*
> *sino en que nosotros lo escucharemos.*
>
> William McGill

Si nunca has practicado la meditación, puedes empezar con esta sencilla estructura

Busca un lugar donde puedas estar tranquilo, cómodo y sin interrupciones al menos 10 ó 15 minutos. Siéntate confortablemente con la espalda recta pero no tiesa. Inhala profundamente, relájate y haz tu mejor esfuerzo por apartar todos los pensamientos del pasado y del futuro, y por concentrarte en el momento presente.

Toma conciencia de tu respiración: presta atención a la sensación del aire que entra y sale de tu cuerpo al respirar. Siente cómo tu estómago se eleva y desciende suavemente al inhalar y exhalar. Siente la frescura y la calidez del aire que entra y sale de tus fosas nasales cuando respiras. Percibe las diferencias entre cada respiración.

Observa cómo tus pensamientos van y vienen. Cuando surjan en tu mente, no intentes ignorarlos o eliminarlos; simplemente míralos pasar y regresa tu atención a la respiración.

Si notas que te dejaste llevar por tus pensamientos, simplemente observa adónde te llevaron y, sin juzgar, dirige de nuevo la atención a tu respiración. Usa la respiración como un ancla para tus pensamientos.

Para concluir, permanece sentado con tranquilidad y regresa lentamente tus pensamientos y conciencia al entorno. Levántate despacio y haz un par de estiramientos. Ahora estás listo para volver a tus actividades cotidianas, relajado y fresco.

Si conocemos el divino arte de la concentración,
si conocemos el divino arte de la meditación,
si conocemos el divino arte de la contemplación,
podemos unir fácil y conscientemente
los mundos interno y externo.

Sri Chinmoy

Hay muchas maneras de meditar; por lo general consisten en permanecer tranquilos y en silencio por cierto tiempo, concentrándose en la respiración o en algún mantra. Cuando empezamos a practicar la meditación, es común que los pensamientos se dispersen y que perdamos la concentración. No te recrimines si esto sucede; es parte del proceso de aprendizaje. Me gusta la siguiente metáfora: es como estar a la orilla de un río mirando pasar los barcos. En ocasiones descubrirás que te subiste a uno de los barcos y que estás avanzando con la corriente. Cuando esto ocurra, simplemente bájate, regresa a la orilla del río y sigue observando los barcos (tus pensamientos). Que no te preocupe si lo estás haciendo "bien". Tu capacidad de concentración aumentará con el tiempo y la práctica.

El ejercicio constante de la meditación te ayudará a despejar la mente, aclarar tus pensamientos y fortalecer tu conexión espiritual, pues renueva el espíritu, relaja el cuerpo y tranquiliza el alma. La meditación es una herramienta de reflexión y búsqueda interior, y es una de las mejores maneras de apaciguar los pensamientos para recibir la guía divina. Con la práctica de la meditación adquirirás mayor conciencia de tus intuiciones, ideas, emociones e inspiraciones sutiles.

La meditación es la disolución de los pensamientos
en la conciencia eterna,
en la presencia pura sin objetivación,
saber sin pensar, fundir la finitud en lo infinito.

Voltaire

Dedica un tiempo diariamente a la contemplación, la oración o la meditación.

Puedes usar la siguiente invocación

Para transformar nuestras vidas:

Pedimos orientación y claridad.

Pedimos descubrir nuestro propósito, nuestra misión en la vida.

Pedimos inspiración divina.

Pedimos ser útiles a los demás.

Pedimos ayuda para dejar atrás cualquier patrón de pensamiento negativo o limitante.

Pedimos que la manifestación de nuestros pensamientos y actos sea benéfica para todos los demás.

Pedimos que los milagros se manifiesten no sólo en nuestras vidas sino también en las vidas de los demás.

Estamos agradecidos.

Pedimos paz.

Pedimos armonía.

Pedimos hacer una contribución significativa al mundo.

La oración y la meditación producen cambios interiores increíbles y maravillosos. Ayudan a despejar la mente de preocupaciones y pensamientos negativos, y abren espacio para la felicidad y el amor. Son procesos que producen transformaciones en el nivel celular. Literalmente, modifican las ondas cerebrales, con lo que proporcionan sentimientos de bienestar y felicidad. Además, la frecuencia vibratoria de estas emociones positivas está en perfecta armonía con lo que deseas atraer a tu vida.

Por medio de la oración, la contemplación y la meditación te alineas con un poder superior y te abres al potencial ilimitado y a la sabiduría infinita del universo. Tu devoción y compromiso con el crecimiento espiritual y la expansión, generarán una mayor conciencia de los milagros, circunstancias, posibilidades y sincronicidades que ya están presentes en tu vida. Mediante la oración también estás *reconociendo* a Dios. Estás *reconociendo* que hay un poder superior presente en tu vida.

La oración, la contemplación y la meditación son herramientas de vida esenciales y poderosas.
Comprométete a usarlas.
Son la vía de entrada.

Y todo lo que pidáis en oración,
creyendo, lo recibiréis.

Mateo 21: 22

(14)
ACCIÓN

Ponte en acción

Empieza abriendo tu mente y tu corazón. Usa diariamente las herramientas que te hemos presentado y toma conciencia de la sorprendente sincronicidad que está manifestándose en tu vida. Aleja cualquier emoción o pensamiento negativo. Aleja cualquier duda. Realiza cada día acciones que te acerquen a tu propósito y al cumplimiento de tus sueños.

Dos clases de acciones

Acción lógica
Todos estamos familiarizados con este tipo de acciones. Por ejemplo, si quieres un auto nuevo, las acciones lógicas son probar todos los que te interesan, elegir la marca y el modelo exactos que deseas, y ahorrar 10 por ciento de tus ingresos en una cuenta especial. Si quieres ser médico, las acciones lógicas serían solicitar tu ingreso a la escuela de medicina, tomar los cursos propedéuticos, etcétera. Las acciones lógicas son los pasos hasta cierto punto predecibles que concibe la conciencia.

Acción inspirada
Es mucho menos lineal; a menudo parece que no guarda ninguna relación con tu objetivo. Cuando empieces a establecer contacto con tu conciencia más elevada mediante herramientas

como el libro de visualización, las afirmaciones, la visualización, el diario de gratitud, la meditación y la oración, el universo responderá enviándote ideas, personas, oportunidades, dinero o cualquier otro recurso que necesites para cumplir tus deseos y hacer tus sueños realidad.

Descubrirás que recibes ideas inspiradas, impulsos intuitivos y exhortaciones durante el sueño. Debes hacerles caso. Permite que tu curiosidad e interés te guíen. Esta es la *acción inspirada*. Es la acción que emana de la voluntad de confiar en tu intuición, seguir tus corazonadas y escuchar tu voz interior. La acción inspirada es la demostración de tu fe y expectativas positivas. Esta clase de acción se canaliza por el inconsciente, y se apoya en la conciencia de las posibilidades que te rodean y en tu apertura a ellas. Es reflejo de tu confianza y de tu conexión. Realizar acciones inspiradas requiere fe, pues estamos mucho menos familiarizados con ellas que con las acciones lógicas.

Los sueños pasan a la realidad de la acción.
De las acciones surge otra vez el sueño,
y esta interdependencia produce
la forma de vida más elevada.

Anais Nin

Las corazonadas pueden ser muy sutiles y aparentar que no tienen relación directa con la realización de tus sueños, pero si las sigues, tu vida será mágica. Tus deseos te conducirán muy pronto hacia un camino de transformación, crecimiento y satisfacción. Este camino puede parecer muy diferente del que habías imaginado. Aprende a confiar en tu yo profundo. Aprende a confiar en el proceso. Aprende a confiar en Dios y en el universo. Estás creando con un poder más elevado que sabe y ve más de lo que tú puedes saber y ver.

Da los pasos lógicos que te conducirán a tus sueños y aspiraciones, pero también los que parezcan menos lógicos. Ten fe y avanza con la confianza y convicción de tus deseos, con la certeza de que el universo te apoyará. *Cualquier* acción es una extensión lógica de tu confianza y tu fe; si no *creyeras* que algo es posible, simplemente no realizarías ninguna acción.

La diferencia básica es que la *acción lógica* depende exclusivamente de ti, mientras que en la *acción inspirada* utilizas el poder del inconsciente, creyendo y creando con Dios y el universo. Lo ideal es la combinación de ambas. Confíalo a Dios ¡y pon manos a la obra!

> *El pensamiento es la flor;*
> *el lenguaje, el capullo*
> *y la acción, el fruto.*
>
> Ralph Waldo Emerson

Recuerda: mediante la Ley de la atracción, el universo te proveerá todo lo que necesitas para alcanzar tus metas. Atraerás los recursos, ideas y personas necesarias. No obstante, depende de ti reconocerlas y seguir esas ideas y pensamientos inspirados.

Todo lo que quieres está ahí afuera esperando que lo pidas. Todo lo que quieres también te quiere a ti, pero debes actuar para conseguirlo.

El universo quiere que tengas éxito.

> **Cuenta con que todas tus necesidades serán satisfechas.**
> **Cuenta con la solución para cualquier problema.**
> **Cuenta con abundancia en todos los niveles.**
>
> Eileen Caddy

Empieza a abrir espacio en tu vida para la belleza y la abundancia que te corresponden por derecho. Recuerda cuán poderoso eres. No es suficiente soñar y desear; debes actuar interna y externamente para crear la vida de tus sueños. Debes tener disciplina para realizar los rituales diarios que mantendrán en ti una vibración positiva que corresponda con el futuro que deseas.

Así pues, haz el compromiso de realizar estas acciones todos los días. Integra estos rituales en tu rutina diaria:

Rituales diarios

1. Empieza cada día dedicando al menos cinco minutos a concentrarte en tus deseos, objetivos e intenciones. Ponte cómodo, cierra los ojos y visualiza todos tus objetivos y deseos como si ya se hubieran cumplido. Siente las emociones de esa realidad. Observa tu día desarrollándose justo como quieres.

2. Utiliza todos los días tus herramientas. El libro de visualización, el diario de gratitud, el símbolo de gratitud y las afirmaciones ofrecen inspiración externa y tangible, y modifican positivamente tu campo de energía. Comprométete con firmeza a usar estas herramientas todos los días y aplícalas en tu vida.

3. Presta atención a las ocasiones en que tus respuestas emocionales no están en consonancia con tu propósito ni creando la vida que deseas. Cuando esto ocurra, realiza los cambios necesarios. Haz que la vibración de tus pensamientos y sentimientos corresponda con lo que quieres atraer. Concéntrate en lo que te hace feliz, mantén expectativas positivas.

4. Recuerda la importancia de la gratitud y el reconocimiento en todas las áreas de tu vida. Dedica un tiempo todos los días a conectarte con Dios y contigo.

5. Realiza diariamente *acciones* que estén en consonancia con tus objetivos, deseos y propósito. Sé consciente y permanece atento. Sigue tus ideas inspiradas. Confía en tus emociones y en tu intuición. Presta atención y responde a la retroalimentación que recibes. Cada día camina hacia tus sueños.

6. Reconoce que la Ley de la atracción está actuando en tu vida. Reconoce y agradece sus efectos cada vez que los percibas. Mientras más reconozcas la manera en que trabaja, mejor funcionará. Así de simple.

*Deja que tu energía vaya adonde quiere ir,
no adonde tú crees que debe ir.
Haz algo porque disfrutas hacerlo,
no porque parezca razonable.
Sigue el impulso espiritual.*

Mary Hayes-Grieco

Aférrate al propósito y a la visión que has creado para tu futuro y vívelos con cada milímetro de tu ser. Haz que todos tus actos estén en consonancia con tu propósito supremo y cultiva intenciones puras. Atraerás cosas sorprendentes y maravillosas a tu vida, así que no temas, diviértete y ten la disposición de correr algunos riesgos. Persigue tu sueño con la confianza de que recibirás todo el apoyo que necesitas.

Avanza con seguridad rumbo a tus sueños y deseos. No sólo creas que son posibles, sino que están realizándose ya.

Si tienes el valor de comenzar, tienes el valor de triunfar.

David Viscott

(15)
CREE

Cree

Las herramientas que te hemos presentado prepararán el terreno, pero debes plantar las semillas y crear el entorno que favorecerá su crecimiento y expansión. Ahora que has presentado tu solicitud al universo, debes tener fe. Sé firme. Ten la tranquilidad de que ya obtuvo respuesta y confíala a Dios. Puede que no conozcas con exactitud el camino que te llevará a tus sueños, pero se revelará por sí solo. Ten la disposición de actuar. Una vez que te comprometas con tus sueños, la Ley de la atracción se encargará del resto. La vida te proveerá las personas, las circunstancias y todo lo necesario para volverlos realidad.

> *Tú debes ser el cambio*
> *que quieres ver en el mundo.*
> *Mahatma Gandhi*

Esperamos que te comprometas personalmente a crear una vida mejor para ti y un mundo mejor para todos. Imagina las posibilidades. Vislumbra cuán maravilloso será este mundo cuando todos nos concentremos en la conciencia y en mantener un estado positivo de nuestro ser. Uno a uno, podemos modificar la energía del planeta entero. Mediante nuestra conciencia, generosidad, compromiso e intención podemos empezar a vivir en consonancia con las leyes naturales del universo y restaurar el equilibrio entre nosotros y la naturaleza. Podemos crear un mundo lleno de amor, felicidad, armonía y paz.

Renuncia a tus pequeñas ambiciones;
ven y salva al mundo.

Santa Frances Xavier Cabrini

Hemos vivido demasiado tiempo en un estado de inconsciencia, completamente ignorantes de nuestro auténtico poder. Es momento de reclamarlo. Es momento de hacernos responsables por el estado de nuestras vidas y por el estado del mundo en que vivimos. Es momento de reclamar la alegría y la abundancia que nos pertenecen por derecho.

La Ley de la atracción siempre está activa.
Ya te has puesto en marcha.
El futuro es tuyo.

Míralo. Siéntelo. Créelo.

Sólo da el primer paso con fe.
No es necesario que veas toda la escalera.
Sólo da el primer paso.

Martin Luther King Jr.

Para vivir plenamente la Ley de la atracción y crear la vida de tus sueños

- ✝ Utiliza todos los días tus afirmaciones.
- ✝ Utiliza todos los días tu diario de gratitud.
- ✝ Utiliza todos los días tu libro de visualización.
- ✝ Dedica tiempo todos los días a orar o meditar.
- ✝ Sé fiel a tu propósito.
- ✝ Cree en tus sueños.
- ✝ Concéntrate en lo positivo.
- ✝ Vive en un estado constante de gratitud.
- ✝ Visualiza la vida que deseas.
- ✝ Vive apasionadamente.
- ✝ Sé generoso.
- ✝ Sé feliz.
- ✝ Haz lo que te haga sentir bien.
- ✝ Busca lo positivo en cualquier situación.
- ✝ Escucha tu voz interior.
- ✝ Responde a las retroalimentaciones interna y externa.
- ✝ Sigue tus ideas inspiradas.
- ✝ Toma conciencia de los milagros que ocurren a tu alrededor.
- ✝ Ten la disposición de correr riesgos.
- ✝ Avanza con seguridad.
- ✝ Reconoce los cambios que veas y sientas.
- ✝ Recuerda la Ley de la atracción.
- ✝ Confía.
- ✝ Confíalo a Dios, a la Fuente, al Universo.

**Ésta es la llave que libera la Ley de la atracción.
Ésta es la llave de tu futuro.**

**Si tienes preguntas, comentarios
o deseas más información sobre cómo vivir
la Ley de la atracción, visita la página
www.askjackcanfield.com**

Si deseas información sobre nuestros productos,
visita la página
www.dreambigcollection.com

SOBRE LOS AUTORES

Jack Canfield es cocreador y coautor de la serie de libros "Chicken Soup for the Soul", la cual ha figurado en el primer lugar de la lista de *best sellers* del *New York Times* y cuenta con 146 títulos y más de 100 millones de ejemplares impresos en 47 idiomas. También ha publicado *The Success Principles: How to Get from Where You Are to Where You Want to Be*, *The Power of Focus* y *The Aladdin Factor*.

Jack también es uno de los maestros que participan en la película y el libro *The Secret*. Ha aparecido en más de mil programas de radio y televisión, entre ellos *Oprah, Montel, Larry King Live, Today Show, 20/20* y en su propia emisión especial en PBS, *The Secret to Living the Law of Attraction*.

Es fundador y presidente de Self Esteem Seminars, Inc. y de The Canfield Group, los cuales capacitan a empresarios, líderes corporativos y gerentes, así como a profesionales e instructores en ventas para acelerar el logro de sus objetivos personales, profesionales y financieros. Jack ha enseñado estos principios universales y estrategias vanguardistas por más de 35 años en empresas, organismos de gobierno y universidades de más de 30 países.

Jack y su esposa, Inga, viven con sus tres hijos, Christopher, Riley y Travis, en Santa Barbara, California. Si deseas información sobre Jack, visita la página www.jackcanfield.com

D.D. Watkins siempre ha creído que todo es posible. Madre que trabaja, empresaria exitosa y artista plástica, D.D. afirma disfrutar los retos, la inspiración y el crecimiento personal.

Durante años ha diseñado y creado instalaciones de arte en todo el mundo. Entre las obras que se le han solicitado recientemente hay proyectos arquitectónicos, de interiores y de diseño gráfico. Amante de las palabras, el conocimiento, los libros y la belleza, actualmente está explorando la escritura y la pintura al aire libre. Vive en Santa Barbara, California.